湖北省学术著作出版专项资金资助项目

现代航运与物流：安全·绿色·智能技术研究丛书

内河水网
船舶通过能力研究

牟军敏　陈琳瑛　唐伟明　著

武汉理工大学出版社

·武汉·

内 容 提 要

本书在提出水网通过能力定义的基础上,建立了基于时空消耗理论下的航道水网船舶通过能力理论分析模型。基于荷兰 SIVAK 软件进行了基础仿真,通过路径选择模型建模,结合船舶操纵避碰特性,在自主研发的仿真软件上,对浙北某水域进行了深入的模拟,分析并建立了航道饱和度评价模型,探索了通过能力提升的相应技术和策略,为提高水网地区航道服务水平提供有益的参考。

图书在版编目(CIP)数据

内河水网船舶通过能力研究/牟军敏,陈琳瑛,唐伟明著. —武汉:武汉理工大学出版社,2019.3

ISBN 978-7-5629-5943-4

Ⅰ.①内… Ⅱ.①牟… ②陈… ③唐… Ⅲ.①内河运输-交通通过能力-研究 Ⅳ.①U697

中国版本图书馆 CIP 数据核字(2018)第 279824 号

项目负责人:陈军东
责任编辑:陈 平
责任校对:刘 凯
封面设计:兴和设计
出版发行:武汉理工大学出版社
武汉市洪山区珞狮路 122 号 邮编:430070
http://www.wutp.com.cn 理工图书网
E-mail:chenjd@whut.edu.cn 163.com
经 销 者:各地新华书店
印 刷 者:湖北恒泰印务有限公司
开 本:787×1092 1/16
印 张:6
字 数:98 千字
版 次:2019 年 3 月第 1 版
印 次:2019 年 3 月第 1 次印刷
定 价:56.00 元(精装本)

现代航运与物流:安全·绿色·智能技术研究丛书

编审委员会

主任委员:严新平

航运物流与交通规划技术系列主任委员:张培林
内 河 航 运 技 术 系 列 主 任 委 员:黄立文
船港设备绿色制造技术系列主任委员:袁成清
交通智能化与安全技术系列主任委员:吴超仲

委　　员(按姓氏笔画为序)

邓　健	甘浪雄	田　高	白秀琴	刘正林
刘明俊	刘敬贤	刘　清	牟军敏	杨亚东
杨学忠	肖汉斌	吴建华	吴超仲	初秀民
张矢宇	张培林	陈　宁	周新聪	袁成清
钟　鸣	黄立文	黄　珍	蒋惠园	蔡　薇

秘　书　长:杨学忠
总责任编辑:陈军东

出 版 说 明

航运与物流作为国家交通运输事业的重要组成部分,在国民经济尤其是沿海及内陆沿河沿江省份的区域经济发展中起着举足轻重的作用。我国是一个航运大国,航运事业在经济社会发展中扮演着重要的角色。然而,我国航运事业的管理水平和技术水平还有待提高,离建设成航运强国的发展目标还有一定的距离。为了研究我国航运交通事业发展中的安全生产、交通运输规划、设备绿色节能设计等技术与管理方面的问题,立足于安全生产这一基础前提,从航运物流与社会经济、航运物流与生态环境、航运物流与信息技术等角度用环境生态学、信息学的知识来解决我国航运交通事业绿色化和智能化发展的问题,促进我国航运事业管理水平与技术水平的提升,加快航运强国的建设。因此,武汉理工大学出版社组织了国内外一批从事现代航运交通与物流研究的专家学者编纂了《现代航运与物流:安全・绿色・智能技术研究丛书》。

本丛书第一期拟出版二十多种图书,分为船港设备绿色制造技术、交通智能化与安全技术、航运物流与交通规划技术、内河航运技术等四个系列。本丛书中很多著作的研究对象集中于内河航运物流,尤其是长江水系的内河航运物流。作为我国第一大内河航运水系——长江水系的航运物流,对长江经济带经济发展的促进作用十分明显。2011 年年初,国务院发布了《关于加快长江等内河水运发展的意见》,提出了内河水运发展目标,即利用 10 年左右的时间,建成畅通、高效、平安、绿色的现代化内河水运体系,2020 年全国内河水路货运量将达到 3×10^{10} t 以上,拟建成 1.9×10^4 km 的国家高等级航道。2014 年,国家确定加强长江黄金水道建设和发展,正式提出开发长江经济带的战略构想,这是继“西部大开发”“中部崛起”之后的又一个面向中西部地区发展的重要战略。围绕航运与物流开展深层次、全方位的科学研究,加强科研成果的传播与转化,是实现国家中西部发展战略的必然要求。我们也希冀本丛书的出版能够提升我国现代航运与物流的技术和管理水平,促进社会经济的发展。

组织一套大型的学术著作丛书的出版是一项艰巨又复杂的任务,不可能一蹴而就。我们自 2012 年开始组织策划这套丛书的编写与出版工作,期间多次组织专门的研讨会对选题进行优化,首期确定的四个系列二十二种图书,将陆续正式出版发行。本丛书的出版工作得到了湖北省学术著作出版专项资金项目的资助。本丛书涉猎的研究领域广泛，在这方面的研究成果众多，首期出版的项目不可能完全包含所有的研究成果，难免挂一漏万。有鉴于此，我们将丛书设计成一个开放的体系，择机推出后续的出版项目，与读者分享我国更多的现代航运与物流业的优秀学术研究成果，以促进我国交通运输行业的专家学者在这个学术平台上的交流。

现代航运与物流：安全·绿色·智能技术研究丛书编审委员会

2015 年 8 月

前　　言

早在四五千年前，中华民族就已经知道逐水而居，行舟楫之利。随着冶炼技术的发展，先人们开始开凿运河，沟通不同的水系以利天下，逐步创造了航运的辉煌。内河航运因为运量大、占地少、经济、环境友好等诸多优点，一直是综合交通运输体系中重要的组成部分，在各种交通高度发达的今天，它仍然发挥着十分重要的作用。

我国内河航道通航里程高达 12.7 万 km，等级航道占比 52.2%。长江、西江、京杭运河等航道通航条件不断改善，初步建成了以"两横一纵两网十八线"为主体的内河航道体系。航道是内河航运发展的重要基础设施，其通过能力是现代航运发展水平的核心指标之一。相对于简单通道式的航道，水网航道因其拓扑结构、船舶路径选择等因素的复杂性，大大增加了水上交通管理的难度，许多研究尚在起步阶段。在浙江交通科技（项目编号：2010W11），国家自然科学基金（批准号：51579201、51061130548）等项目的资助下，作者开展了相关研究，基于成果形成本书。

本书在提出水网通过能力定义的基础上，建立了基于时空消耗理论下的航道水网船舶通过能力理论分析模型。仿真是理解水网环境中船舶流动复杂机制的一种有效手段，作者基于荷兰 SIVAK 软件进行了基础仿真，通过路径选择模型建模，结合船舶操纵避碰特性，研发了具有自主知识产权的软件。运用该软件对浙北某水域进行了深入的模拟，分析并建立了航道饱和度评价模型，探索了通过能力提升的相应技术和策略，为提高水网地区航道服务水平提供有益的参考。

感谢湖北省学术著作出版基金资助，本书旨在抛砖引玉，为提升我国内河水上交通管理水平，为新时代交通强国战略顺利实施尽绵薄之力。限于时间和能力水平，本书还有诸多不足之处，敬请读者批评指正。

作者
2018 年 3 月

目　　录

1　水网航道通过能力研究概述

在航运需求的推动下,内河水网地区船舶密集化、大型化趋势明显,其承受的通航压力渐增:一方面,运输船舶尺度以及船舶通航密度进一步增大与现有的有限航道资源的矛盾日益突出,通航尺度不能满足水网地区船舶航行的需要;另一方面,水网的网状结构特征使得航道内船舶交通情况更为复杂,船舶与船舶之间、船舶与航道之间的相互作用明显,对通航干扰(如拥堵、水上交通事故等)更加敏感。内河水网通航压力的增大也意味着该水网地区通航风险的增大。在交通拥塞水域,各种水上交通事故(碰撞、沉没、污染等)的发生频率会大幅度增加,此外,因水上交通事故引起的大规模堵航也会导致水网地区的航运、经济、社会稳定等面临更大的压力。

研究水网航道的通过能力,增加对复杂水网中船舶交通流流动机制的理解,可以有效地评估水网地区的航道利用现状,为水上交通组织、港口及航道规划提供决策支持,具有重要的理论意义和实际应用价值。

1.1　航道通过能力定义

航道通过能力是水路规划和设计的重要参数,是水上交通组织和调度的基础。当航道内船舶数量剧增时,航道的通过能力计算和仿真可以为交通诱导提供有效的决策依据。在评估当前和未来一段时期水运发展时,航道的通过能力研究可以为航道基础设施需求提供重要的数据。进行航道通过能力计算,首先需要确定其定义。目前,航道通过能力并无统一明确的定义,在以往的研究中,研究人员根据不同的研究需求对通过能力进行了定义,主要有如下几种:

(1)尺度通过能力

尺度通过能力是指根据航道水深、宽度、弯曲半径,桥梁、架空电缆净空高度,以及船闸尺度,考虑船舶吃水、富余水深及波浪潮汐影响,计算出能够安全通过的最大船舶尺度。尺度通过能力是评估航道是否能够安全容纳现有及未来投入使用的船舶的重要指标，一般用于航道设计疏浚及管制决策，如某一区域是否实施单向通行。

（2）静态容量

根据船舶领域、船舶安全间距等理论，为保证安全航行，每艘船占据其本身及周围一定范围水域，航道可航水域所能容纳的船舶占据水域数量即该航道静态容量。静态容量更倾向于考虑航行的安全性，多用于预测船舶数量增加对航道拥堵可能造成的影响。

（3）截面通过能力

截面通过能力是指在一定的船舶技术性能和一定的运行组织条件下，单位时间内通过航道某一截面的船舶数量或吨位。截面通过能力主要基于交通流理论进行计算，国内研究初期采用的原联邦德国提出的西德公式（关于航道通过能力的计算公式）以及在其基础上提出的长江公式、川江公式、苏南运河公式等均采用该定义，它是使用最为广泛的通过能力定义。截面通过能力能够反映交通流的密集程度，同样可应用于航道设计、改建，分析交通管理措施对交通流的潜在影响。

从航道的结构特征来说，航道可以分成通道式和水网式。以上三类航道通过能力的定义均是针对通道式航道，对水网航道的研究尚处于起步阶段，对水网航道通过能力并无明确统一的定义，相关研究多借鉴通道式航道通过能力及路网通过能力定义：部分研究采用的是静态容量的定义，部分研究将水网航道通过能力定义为单位时间从水网航道中驶出的船舶数量。这两类定义用于水网航道通过能力计算均有一定的局限性，静态容量定义不能体现水网航道中交通流的动态特征，单纯计算驶出的船舶数量不能体现水网航道中的交通特征。因此，本书将水网航道通过能力定义为：单位时间内，在一定交通条件和环境下，水网航道可服务的最大交通量，包括正航行于航道中的船舶数量和已驶出航道的船舶的数量。

1.2　通过能力要素概述

水网航道环境下船舶的通过能力大小与"人-船-环境-管理"等要素组成的水上交通系统密切相关。相应地，通过能力要素可以分为水网航道环境、水网航道船舶特征、水网航道驾引人员、水网航道交通监管等要素。

在水网航道环境特征方面,主要需考虑航行水域自然条件和交通条件,比如,水域气象、水文、地形、水网拓扑结构等自然条件,而航行水域通常由港口、锚地和航路等组成,交通条件则包含航道中的水工建筑物、助航标志设施等的状况。

在水网航道船舶特征方面,主要考虑内河航行船舶的一些特征和技术状况。内河风浪较小,内河船方形系数大,操纵性要求高,但结构和稳定性要求相对弱于海船,同时受到通航建筑物净空尺度和航道通航等级及尺度的影响,船型尺度、船舶吃水往往受到限制。这些因素直接或间接地影响了船舶运动和行为。

水网航道驾引人员是指船长、值班驾驶员、引航员等实际下达指挥操作船舶口令的人员。从操作来看,驾引人员通常会遵循"刺激-感觉-判断-行动"的模式。人为因素是目前水上交通事故发生的主要因素,受到疲劳、兴奋等生理性节律的影响,人的视觉和听觉反应会发生变化,并最终体现在船舶的行为上。

在水网航道交通监管方面,局部水网地区的交通规则和交通控制,比如船舶限速、禁航、单向通航、采用水上交通服务(Vessel Traffic Service,VTS)等形式都将直接影响到船舶的通过量。

1.3　水网航道船舶交通流特征分析

大部分航道通过能力的计算都是依靠对交通流的建模进行的,即通过能力计算的前提是建立交通流模型。目前已有的通过能力理论计算研究多是针对单、双向通行的通道式航道。然而,这类理想状态下的通过能力计算并不能满足对交叉水域通过能力计算的需求。交叉水域船舶会遇频繁,交通状况复杂,因此,交叉水域航道通过能力计算明显不同于顺直航道通过能力的计算。水网中交通流相对于一般交通流来说主要涉及两个问题:一个是航道网节点(交叉口、T形口等)处船舶的会让,另一个是路径的选择。

由于水网航道交通的特殊性,首先需要开展水网航道的船舶交通流分析。以浙江北部水网航道为例,长湖申线和湖嘉申线为浙江北部的两条主要干线航道,是水网航道中交通流特征较为典型的地区。本节以长湖申线、湖嘉申线组成的简单水网(东经 $120°6'\sim120°42'$,北纬 $30°42'\sim30°54'$)为实例,如图 1-1 所示。水网中各航段长度及编号如图 1-2 所示。以位于两条航道的湖州船闸和吴沈门船闸为观测点获取数据,根据 2011 年观测数据对所选水网交通流特征进行统计分析,并检验等间隔时间通过船舶数量、船舶航速分布特征。

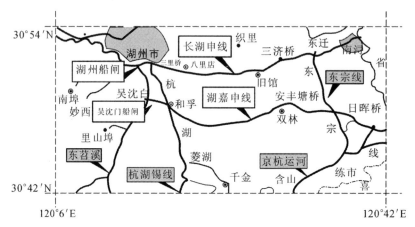

图 1-1 长湖申线 - 湖嘉申线水网

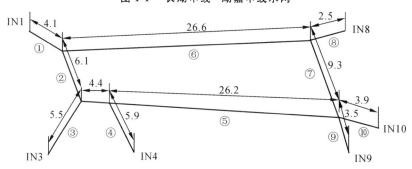

图 1-2 长湖申线 - 湖嘉申线水网中各航段长度(单位:km)

1.3.1 船舶流的组成

图 1-3 为长湖申线 - 湖嘉申线水网的水路运输工具分类统计图,在该水网航道中,航行船舶货船所占比例超过 90%,其中普通货船占到 86.69%,散装水泥船占到 3.25%,驳船占到 8.22%。

图 1-4 为长湖申线 - 湖嘉申线水网船舶吨位构成图,该水网航道船舶以小型船舶为主,超过 80% 的船舶小于 500 总吨。

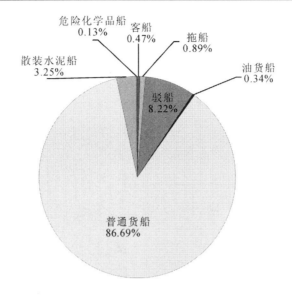

图 1-3　长湖申线 - 湖嘉申线水网运输工具分类统计图

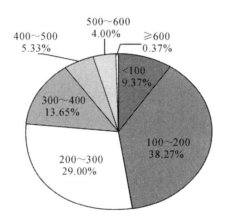

图 1-4　长湖申线 - 湖嘉申线水网船舶吨位构成图

1.3.2　船舶流时空分布

1）船舶流日运行强度特征

图 1-5 为 2011 年湖州船闸、吴沈门船闸日流量变化曲线。船舶流量（简称是"船舶流"）呈现的时间特征：早晨最小，中午最大，最大流量可达最小流量的 5 ～ 6 倍。同时，2 月流量最小，其余月份的船舶流量及趋势基本相同。

湖州船闸：

（1）船舶流量于早晨 8：00 出现高峰，9：00 ～ 10：00 略有下降，之后 11：00

～21:00 之间保持较高的流量。8:00～22:00 这 14 个小时内通过的船舶数量平均计 282 艘次,其强度为 20.1 艘次 /h。

(2) 船舶流量出现低峰(强度小)的时间为 22:00 到次日 8:00,10 个小时内通过的船舶数量平均计 87 艘次,其强度为 8.7 艘次 /h。

吴沈门船闸:

(1) 船舶流量出现高峰(强度大)的时间为 8:00～22:00,14 个小时内通过的船舶数量平均计 403 艘次,其强度为 28.8 艘次 /h。

(2) 船舶流量出现低峰(强度小)的时间为 22:00 到次日 8:00,10 个小时内通过的船舶数量平均计 146 艘次,其强度为 14.6 艘次 /h。

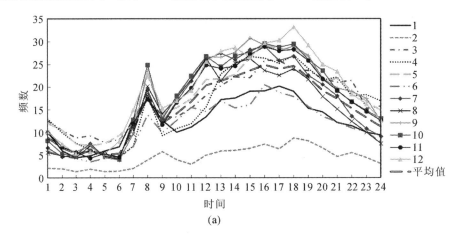

(a)

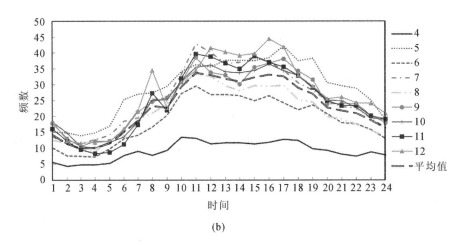

(b)

图 1-5　2011 年湖州船闸(1～12 月)、吴沈门船闸(4～12 月)船舶日运行强度变化图

(a)2011 年湖州船闸船舶日运行强度变化图;(b)2011 年吴沈门船闸船舶日运行强度变化图

2）船舶流月运行强度特征

图 1-6 为 2011 年 1～12 月湖州船闸船舶流及 4～12 月吴沈门船闸船舶流。其中,湖州船闸除 1 月、2 月、6 月外,整体分布较为平均,均超过 1 万艘次,最大值为 13752 艘次,出现在 12 月;吴沈门船闸除 4 月、6 月外,均超过 1.5 万艘次,5 月、12 月均超过 2 万艘次。

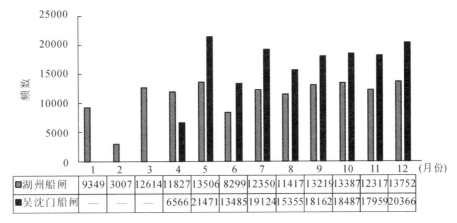

图 1-6 2011 年湖州船闸、吴沈门船闸船舶流

3）船舶到达规律

一般认为,等时间间隔内船舶到达为随机事件,数量服从泊松分布。但近几年的一些船舶流研究结果表明其分布具有正态特性。余劲等对西江航道 2004 年船舶流研究结果显示,日到船艘次服从正态分布;刘敬贤等通过统计发现,天津港主航道船舶到达规律同样服从正态分布。实际上考虑到交通流的复杂性,其分布有可能是偏态分布,杨亚东等对 2005—2008 年深圳港 VTS 报告船舶流进行统计、分析,结果表明该区域船舶流呈复杂的偏态分布。

图 1-7 为 2011 年湖州船闸、吴沈门船闸每小时通过船舶数分布直方图。表 1-1 对该数据的统计特征进行了描述。

表 1-1 2011 年湖州船闸、吴沈门船闸每小时通过船舶数统计特征

		平均数	中位数	众数	标准差	方差	峰度	偏度	最小值	最大值	观测数
湖州船闸		15.41422	14	0	11.87816	141.0906	1.613192	0.764529	0	131	8761
吴沈门船闸	上行	11.28184	11	9	6.393508	40.87695	1.121005	0.589926	0	54	6124
	下行	13.36888	12	5	9.646857	93.06185	2.363382	1.080168	0	98	6124

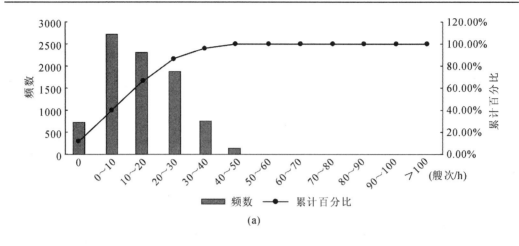

(a)

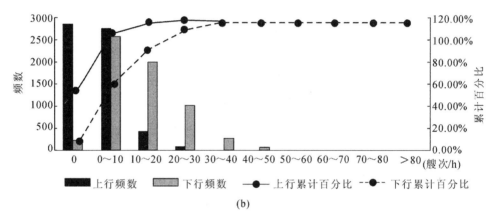

(b)

图 1-7 2011 年湖州船闸、吴沈门船闸每小时通过船舶数分布直方图

(a)2011 年 1～12 月湖州船闸每小时通过船舶数分布(下行);

(b)2011 年 4～7 月吴沈门船闸每小时通过船舶数分布

4) 船舶流分布特征

对湖州船闸及吴沈门船闸船舶流数据进行参数估计并进行 KS 检验,判断在显著水平为 0.05 时该船舶流是否服从正态分布或泊松分布,拟合及检验结果如图 1-8 和表 1-2 所示。

表 1-2 船舶流分布特征 KS 检验结果

位置		分布	μ	δ	Sig.	CV	h
湖州船闸		正态	16.6942	11.3347	0	0.4626	1
		泊松	16.6942		0	0.2940	1
吴沈门船闸	上行	正态	11.2824	6.3939	0	0.3972	1
		泊松	11.2824		2.0042E-164	0.1754	1
	下行	正态	13.3689	13.2774	0	0.4830	1
		泊松	13.3689		0	0.2831	1

注:μ 为均值;δ 为标准差;Sig. 表示 P 值;CV 为极限值;$h=1$ 表示样本拒绝假设分布。E 表示科学计数法。

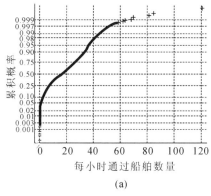

(a)

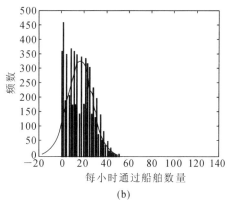

(b)

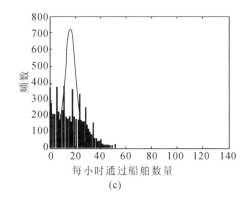

(c)

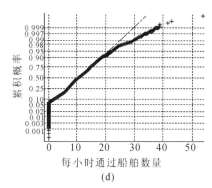

(d)

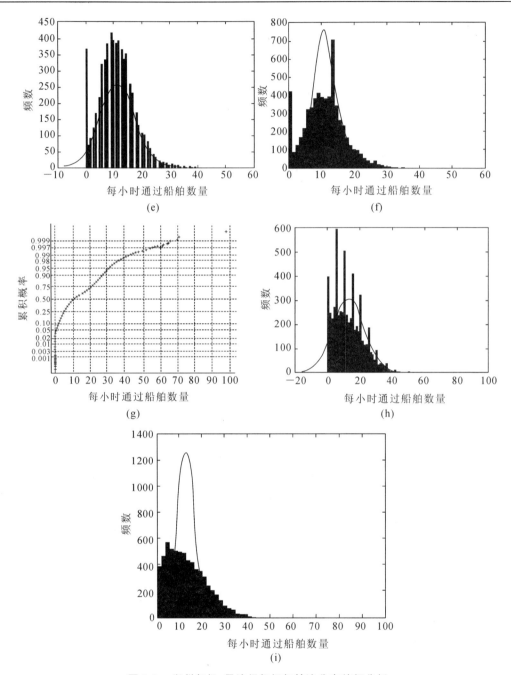

图 1-8　湖州船闸、吴沈门船闸船舶流分布特征分析

（a）湖州船闸船舶流正态概率图；（b）湖州船闸船舶流正态分布拟合图；

（c）湖州船闸船舶流泊松分布拟合图；（d）吴沈门船闸上行船舶流正态概率图；

（e）吴沈门船闸上行船舶流正态分布拟合图；（f）吴沈门船闸上行船舶流泊松分布拟合图；

（g）吴沈门船闸下行船舶流正态概率图；（h）吴沈门船闸下行船舶流正态分布拟合图；

（i）吴沈门船闸下行船舶流泊松分布拟合图

通过以上对数据的偏度、峰度及正态分布检验结果的分析可以发现，吴沈门船闸船舶流分布不服从正态分布和泊松分布，对原始数据进行变换（平方根变换、对数变换、幂变换）后重新检验，仍不能通过正态分布检验，可见该区域船舶交通流强度分布较为复杂，主要原因是水网航道疏浚及水工作业较多，对交通流影响较大。水网船舶航行时间较为灵活，若在航行区间内有水工作业，通常会选择在水工作业结束或对交通流影响较小时通行，因此造成某一时段内船舶通行数量较少，而在这之后一段时间内船舶通行数量猛增，这样就造成单位时间内通行船舶数量无明显分布特征，但是在一定时段内，船舶通行数量仍服从泊松分布（见第 2.2.1 节"水网航道船舶安全间距模型"）。

5）航速分布

根据浙江省港航管理局船舶监管系统报告的船舶信息统计，长湖申线 -湖嘉申线水网船舶航速分布直方图如图 1-9 所示。在该区域航行的船舶的航速分布有两个峰值，空载船航速较快，在 $6 \sim 12$ m/s 之间；重载船航速较慢，一般小于 3 m/s。该航段的船舶平均航速为 7.35 m/s。

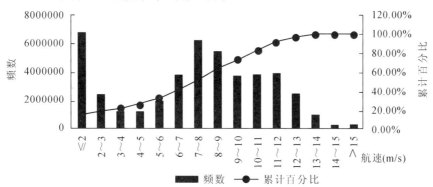

图 1-9　长湖申线 - 湖嘉申线水网船舶航速分布直方图

综上所述，水网航道船舶交通流具有以下特征：

（1）船舶类型以小型货船为主；

（2）船舶交通流运行强度有明显的昼夜差异，一年之中月运行强度除 2 月份外，较为平均；

（3）船舶运行较为灵活，易受航道疏浚、水工作业等影响，等时间间隔内来船数量不符合泊松分布、正态分布等常见分布；

（4）空载船与重载船航速有较大差别，航速分布存在两个峰值。

2 水网航道船舶通过能力理论计算

2.1 基于图论的水网航道拓扑模型

2.1.1 图论概述

图论是运筹学（Operations Research）中的一个经典和重要的分支，所研究的问题涉及经济管理、工业工程、交通运输、计算机科学与信息技术、通信与网络技术等诸多领域。

图论起源于 18 世纪著名的"哥尼斯堡的七座桥"问题。瑞士数学家欧拉于 1736 年发表的《依据几何位置的结题方法》标志着图论的诞生。图论中所谓的"图"是指某类具体事物和这些事物之间的联系。用节点（node）表示具体事物，用连接两点的线段（edge，arc）表示两个事物之间特定的联系，就得到了描述这个"图"的几何形象。

2.1.2 图的基本概念

图（graph，用 G 表示）是由一个非空有限集合 $V(G)$ 和 $V(G)$ 中某些元素的有序对集合 $E(G)$ 构成的二元组，记为 $G = (V(G), E(G))$。其中，$V(G) = \{v_1, v_2, \cdots, v_n\}$ 为节点（node）或顶点（vertex）集，$E(G) = \{e_1, e_2, \cdots, e_n\}$ 为 $V(G)$ 中节点之间的边（edge）的集合。

当边 $e_{ij} = v_i v_j$ 时，称 v_i、v_j 为边 e_{ij} 的端点，并称 v_i 与 v_j 相邻（adjacent），边 e_{ij} 称为与顶点 v_i、v_j 关联（incident）。

若边 e_{ij} 的端点 v_i、v_j 有序，则称为有向（directed）边，其中 v_i 称为头（head），v_j 称为尾（tail），所形成的图 G 称为有向图（directed graph）。对于 v_i 来说，e_{ij} 是出边（outgoing arc）；对于 v_j 来说，e_{ij} 是入边（incoming arc）。反之，若边的点对无序则称为无向（undirected）边，所形成的图称为无向图（undirected graph）。

若图的边有一个权值(weight),则称为赋权边,所形成的图称为赋权图(weighted graph)或网络(network)。可以用三元组 $G = (V(G), E(G), W(G))$ 表示赋权图,其中 $W(G)$ 表示权集,它的元素与边集 $E(G)$ 一一对应。

2.1.3　图的表示

(1) 邻接矩阵(Adjacency matrix)

设 A 是一个 $n \times n$ 的 0-1 矩阵,在无权图中,若边 $e_{ij} = v_i v_j$ 存在,则 $a_{ij} = 1$;否则 $a_{ij} = 0$,即:

$$A = (a_{ij})_{n \times n}, a_{ij} \in \{0, 1\}$$

$$a_{ij} = \begin{cases} 0, & e_{ij} = v_i v_j \notin E \\ 1, & e_{ij} = v_i v_j \in E \end{cases} \tag{2-1}$$

在有权图中,若边 $e_{ij} = v_i v_j$ 存在,则 a_{ij} 为 e_{ij} 的权 w_{ij},即:

$$A = (a_{ij})_{n \times n}, a_{ij} \in \{0, w_{ij}\}$$

$$a_{ij} = \begin{cases} 0, & e_{ij} = v_i v_j \notin E \\ w_{ij}, & e_{ij} = v_i v_j \in E \end{cases} \tag{2-2}$$

(2) 关联矩阵(Incidence matrix)

设 B 是一个 $n \times n$ 矩阵,在无权有向图中,边 e_{ij} 与点 v_i 关联,若 e_{ij} 是 v_i 的出边,则 $b_{ij} = 1$;若 e_{ij} 是 v_i 的入边,则 $b_{ij} = -1$;否则 $b_{ij} = 0$,即:

$$B = (b_{ij})_{n \times n}, b_{ij} \in \{-1, 0, 1\}$$

$$b_{ij} = \begin{cases} 1, & e_{ij} = v_i v_j \in E \\ 0, & \text{else} \\ -1, & e_{ji} = v_j v_i \in E \end{cases} \tag{2-3}$$

对于网络中的权,可以通过对关联矩阵的扩展来表示。如果网络中每条弧有一个权,关联矩阵即增加一行,把每一条弧所对应的权存储在增加的行中。如果网络中每条弧赋有多个权,关联矩阵即增加相应的行数,把每一条弧所对应的权存储在增加的行中。

(3) 邻接表(Adjacency list)

图的邻接表是图的所有节点的邻接表的集合。而对于每个节点,它的邻接表就是它的所有出弧的集合,含有终点、权值等信息。对于顶点数组,每个数据元素还需要存储指向第一个邻接点的指针,以便于查找该顶点的边信息,如表 2-1 所示。

表 2-1　邻接表

起点	终点	权	指针		终点	权	指针
v_i	v_j	w_{ij}			w_{ik}	w_{ik}	...
⋮	⋮	⋮	⋮				

（4）弧表（Arc list）

图的弧表是指将图的弧集合中的所有有序对以表格的方式来表示。弧表表示法直接列出所有弧的起点和终点，以及权值，如表 2-2 所示。

表 2-2　弧表

起点	v_1	...	v_i	...
终点	v_2	...	v_j	...
权	w_{12}	...	w_{ij}	...

（5）星形表示（Star）

星形表示就是对弧表的缺点进行改进，使之可以通过起点或终点定位边。通常有两种方法实现这种对弧表的改进：边排序法、链表法。

2.1.4　水网航道拓扑模型

从图论的角度出发，在水网航道网络拓扑中，船舶流发生变化的地方可以作为水网航道系统节点，可以是港口、船闸、航道交叉口等。弧用于表示节点之间的相互联系，在水网中即连接交叉口、港口的航段，是船舶流行进的主要载体。

图 2-1 所示的水网航道总长为 92.6 km，双向通航，航道中共有 4 个 T 形交叉口和 1 个十字形交叉口，两个船闸仅作为观测点，因此，可以将其中的航段视为弧，将交叉口及水网入口视为节点，对该水网进行拓扑，所建立的网状结构模型如图 2-1 所示。

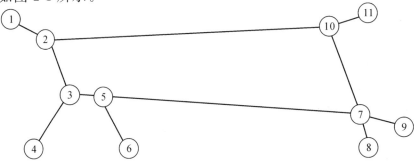

图 2-1　水网航道网状结构模型

长湖申线 - 湖嘉申线水网结构较为简单，为无向图，采用邻接矩阵可对图 2-1 进行表示，如式（2-4）所示。

$$
\begin{array}{c}
\text{node} \quad 1 \ \ 2 \ \ 3 \ \ 4 \ \ 5 \ \ 6 \ \ 7 \ \ 8 \ \ 9 \ \ 10 \ \ 11 \\
\begin{array}{c}
1 \\ 2 \\ 3 \\ 4 \\ 5 \\ 6 \\ 7 \\ 8 \\ 9 \\ 10 \\ 11
\end{array}
\left[
\begin{array}{ccccccccccc}
0 & 1 & 0 & 0 & 0 & 0 & 0 & 0 & 0 & 0 & 0 \\
1 & 0 & 1 & 0 & 0 & 0 & 0 & 0 & 0 & 1 & 0 \\
0 & 1 & 0 & 1 & 1 & 0 & 0 & 0 & 0 & 0 & 0 \\
0 & 0 & 1 & 0 & 0 & 0 & 0 & 0 & 0 & 0 & 0 \\
0 & 0 & 1 & 0 & 0 & 1 & 1 & 0 & 0 & 0 & 0 \\
0 & 0 & 0 & 0 & 1 & 0 & 0 & 0 & 0 & 0 & 0 \\
0 & 0 & 0 & 0 & 1 & 0 & 0 & 1 & 1 & 1 & 0 \\
0 & 0 & 0 & 0 & 0 & 0 & 1 & 0 & 0 & 0 & 0 \\
0 & 0 & 0 & 0 & 0 & 0 & 1 & 0 & 0 & 0 & 0 \\
0 & 1 & 0 & 0 & 0 & 0 & 1 & 0 & 0 & 0 & 1 \\
0 & 0 & 0 & 0 & 0 & 0 & 0 & 0 & 0 & 1 & 0
\end{array}
\right]
\end{array}
\tag{2-4}
$$

2.2 基于时空消耗分析的水网航道通过能力研究模型

根据时空消耗理论，道路、航道等交通设施的时空资源是有限的、相对稳定的。在一定时期内，交通流中的任何一个交通个体都会占用该设施一定的时间和空间，其他交通个体只能使用除此之外的时空资源。因此，某一段道路或航道可以看作是一个具有时空属性的容器，其通过能力就是该容器所能容纳的交通个体数量。

定义 2-1：设航道在瞬时提供的资源为 $L_{ch} \times N_{ch} \times B_{ch}$，则在时段 $t_0 \sim t_1$ 内，该航道所能提供的总时空资源为：

$$
C_{ch} = \int_{t_0}^{t_1} L_{ch} \times N_{ch} \times B_{ch} \times \mathrm{d}t
\tag{2-5}
$$

式中　　C_{ch}——航道的总时空资源，$\mathrm{m^2 \cdot h}$；

　　　　L_{ch}——航道的总长度，m；

　　　　N_{ch}——航道的通道数；

　　　　B_{ch}——航道中每一通道宽度，m。

定义 2-2：设一艘船在瞬时占用的水域空间资源为 $h_{\text{ship}} \times d$（图 2-2），假设在时段 $t_0 \sim t_1$ 内该船在航道中的航行时间为 $t_2 \sim t_3$，则其所占用的平均时空资源为：

$$C_{\text{ship}} = \int_{t_2}^{t_3} h_{\text{ship}} \times d \times \mathrm{d}t \qquad (2\text{-}6)$$

式中　　C_{ship}——一艘船航行时所占用的平均时空资源，$\mathrm{m}^2 \cdot \mathrm{h}/$ 艘次；

　　　　h_{ship}——行驶过程中相邻船舶间的船头间距，m；

　　　　d——船舶航行占用的水域宽度，m。

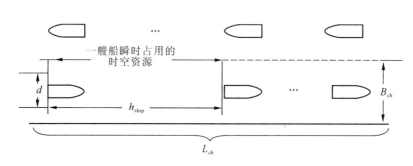

图 2-2　时空消耗模型

若航道中的每一个通道只允许有一列交通流，即 $B_{\text{ch}} = d$，则水网航道通过能力为：

$$C_{\text{t}} = \frac{C_{\text{ch}}}{C_{\text{ship}}} = \frac{N_{\text{ch}} \times T \times L_{\text{ch}}}{h_{\text{ship}} \times t_{\text{ship}}} \qquad (2\text{-}7)$$

式中　　C_{t}——水网航道通过能力（C_{t} 的单位本来为"艘次"，但是因为水网航道通过能力定义为每小时容纳船舶数量，所以在"艘次"后面加了"/h"来强调其定义，本书中 C_{t} 的单位均记作"艘次 /h"），艘次 /h；

　　　　t_{ship}——船舶在 T 时段内对航道的平均利用时间，h。

考虑到在 T 时段内原来已经在水网航道中的一部分船驶出水网航道，同时另一部分船驶入水网航道，因此有：

$$\frac{T}{t_{\text{ship}}} = \frac{C_{\text{t}}}{C_{\text{t}} - TS_{\text{out}}} \qquad (2\text{-}8)$$

式中　　S_{out}——单位时间（1 h）内驶出水网航道的船舶数量，艘次 /h，有：

$$S_{\text{out}} = n \times \frac{V_{\text{ship}}}{h_{\text{ship}}} \qquad (2\text{-}9)$$

n—— 水网出口数。

根据式(2-8)可计算 t_{ship},式(2-7)中的水网航道通过能力可变形为：

$$C_t = \frac{C_{ch}}{C_{ship}} = \frac{N_{ch} \times L_{ch}}{h_{ship}} + TS_{out} \tag{2-10}$$

2.2.1　水网航道船舶安全间距模型

基于时空消耗分析所建立的航道通过能力理论计算模型中,船头间距 h_{ship} 为其中最重要的参数,决定了船舶瞬时所占时空资源。船头间距可以利用船舶安全间距表示,船舶安全间距是指船舶在航道中航行时,后船为保证航行安全与前船保持的一定距离。

现有的内河水域船舶安全间距方面的研究一般有三类:① 借鉴海上船舶领域的概念,并根据内河船舶的一些特征进行部分修正;② 基于船舶运动数学模型、船舶制动机理进行理论计算;③ 根据雷达、AIS(Automatic Identification System,AIS)等历史数据进行统计分析并建立安全间距模型。这些方法所建立的安全间距模型一般只适用于某一特定水域或某类型船舶。

为确定适用于水网航道的船舶安全间距模型,在所选定的长湖申线 - 湖嘉申线水网中的湖州船闸、吴沈门船闸、安丰塘桥、南浔设置观测点(图 2-3),观测并记录通过船舶的船名、船首通过时间、船尾通过时间等数据,将所观测的数据与船舶资料进行匹配,获取航速、船长的数据,并计算船舶间距。

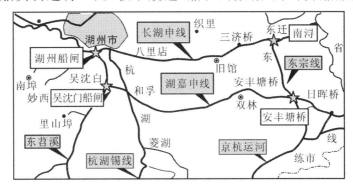

图 2-3　观测点位置

观测共获取 475 条记录,对获取的数据进行分析,结果如下。

（1）船长分布

长湖申线 - 湖嘉申线水网中,船长分布特征如图 2-4 所示,该地区船舶尺度普遍较小,90% 以上船舶的船长在 $30 \sim 50$ m 之间。

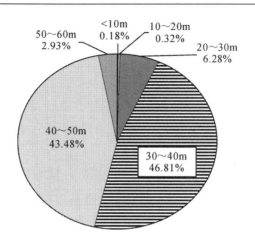

图 2-4　长湖申线 - 湖嘉申线水网航道船长分布

（2）船舶航速分布

观测时段内,通过观测点的船舶多为重载船,船舶航速较慢,主要集中在 $1 \sim 3$ m/s,具体航速分布如图 2-5 所示。

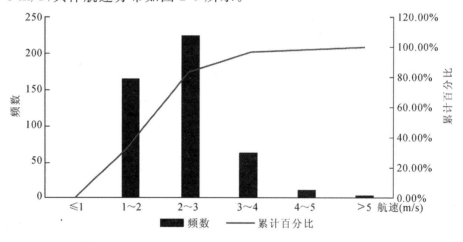

图 2-5　船舶航速分布直方图

对海船的研究表明,排水型船舶的航速一般服从正态分布。由于内河水网地区与沿海交通环境差别较大,因此对所获取的数据进行正态检验,结果如图 2-6 所示。

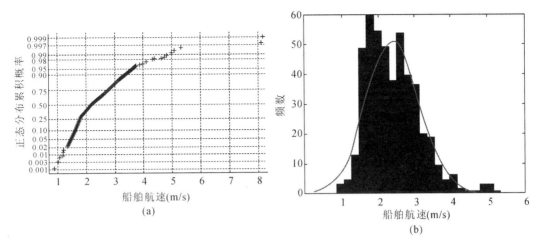

图 2-6　船舶航速分布特征分析

（a）船舶航速正态概率图；（b）船舶航速正态分布拟合情况图

所观测的船舶航速正态分布 KS 检验结果为：Sig. ＜0.25，表明该样本数据不符合正态分布，由图 2-6（b）可以看出，该数据呈现明显的偏态特征，因此对其进行对数变换［取以 10 为底的对数，记为 lg(V)］，并对变换后的数据进行分析，分析结果（图 2-7）显示：lg(V) 正态分布 KS 检验结果为 Sig. ＝0.062，lg(V) 服从均值为 0.35、标准偏差为 0.136 的正态分布，即船舶航速服从对数正态分布。

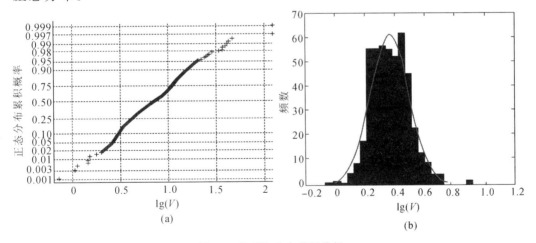

图 2-7　lg(V) 分布特征分析

（a）lg(V) 正态概率图；（b）lg(V) 正态分布拟合情况图

（3）等时间间隔来船数量分布特征

根据有关部门记录流量数据分析的等时间间隔来船数量不符合正态分布、泊松分布，实测数据与记录数据之间由于观测时间不同、航道改建等影响而存在一定的差异,检验结果如图 2-8 所示。

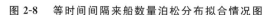

图 2-8　等时间间隔来船数量泊松分布拟合情况图

KS检验结果为 Sig. = 0.1887,等时间间隔来船数量符合均值为 8.03、标准偏差为 4.23 的泊松分布。

观测所获取的数据分布很不均匀(图 2-9),且安全间距是船舶为保证安全航行所保持的距离,正常航行时的间距一般大于安全间距。为获取航速与船舶安全间距之间的关系,将原始数据进行异距分组,根据数据的密集程度,将所有的数据以航速为基准分为 20 组,以每组组中值代表该组航速,取每组对应的船舶间距的 5% 分位数作为该组船舶安全间距代表值(该组中95% 的数大于该数值,该数值为对应船舶的船长倍数),对航速和船舶安全间距进行回归统计(表 2-3、图 2-10),得到航速 V、船长 L 及船舶安全间距 D_s 之间的关系,可用式(2-11)进行描述,有:

$$D_s = (0.5968V - 0.4176) \times L \qquad (2-11)$$

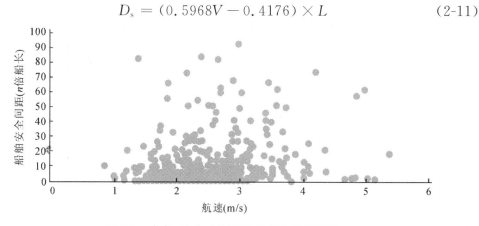

图 2-9　船长、航速、船舶安全间距之间的关系

表 2-3 航速与船舶安全间距(船长倍数)线性拟合检验结果

a. 回归统计

观测值	Multiple R	R Square	Adjusted R Square	标准误差
20	0.739068	0.546222	0.521012	0.410323

b. 线性关系检验

	df	SS	MS	F	Significance F
回归分析	1	3.64796	3.64796	21.66695	0.000197
残差	18	3.030574	0.168365		
总计	19	6.678534			

注:线性关系检验的原假设为 X、Y 无线性关系,因为表中 Significance F $= 0.000197 < 0.025$,所以可得结论,在显著性水平为 0.05 的情况下,拒绝原假设,即 X、Y 有线性关系(X 为航速,Y 为船舶安全间距)。

c. 回归系数检验

	Coefficients	标准误差	t Stat	P-value	Lower 95%	Upper 95%
Intercept	−0.41757	0.328808	−1.2699	0.22027	−1.10836	0.273233
X Variable	0.596845	0.128222	4.65477	0.00019	0.327461	0.86623

注:回归系数检验的原假设为回归系数等于0,因为 P-value $= 0.00019 < 0.025$,所以可得结论,在显著性水平为 0.05 的情况下,拒绝原假设,即 X、Y 之间的回归系数不为0。

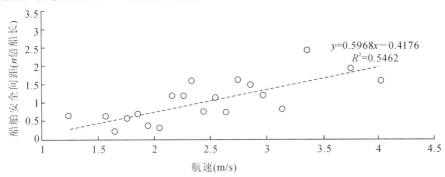

图 2-10 航速与船舶安全间距线性拟合结果

水网航道中航行船舶的航速、船长不一,航行过程中的船头间距也各不相同,因此,根据航速和船长对水网中的船舶进行分类,对式(2-11)进行修正后得水网通过能力计算公式如下:

$$h_{ij} = D_{sij} \times L_j + L_j = (0.5968V_i + 0.5824) \times L_j$$

$$C_t = \frac{N_{ch} \times L_{ch}}{\sum\limits_{j}\left[p_j \times \sum\limits_{i}(p_i \times h_{ij})\right]} + TS_{out} \qquad (2\text{-}12)$$

式中 D_{sij}—— 第 j 类船舶在航速为 V_i 时的安全间距,m;

L_j——第 j 类船舶平均船长，m；

V_i——第 i 类船舶平均航速，m/s；

p_j——第 j 类船舶在船舶流中所占比例；

p_i——船舶流中航速为 V_i 的船舶所占比例；

h_{ij}——第 j 类船舶在航速为 V_i 时的船头间距。

2.2.2 考虑节点时空损耗的水网航道通过能力计算模型

水网航道并非直线航道的简单叠加，而是直线航段与节点的集合，只考虑航段不能充分体现水网航道的特征，应深入分析、综合考虑水网航道中各个节点处船舶的行为特征。在水网航道节点处，船舶除直线航行状态外，还存在汇入、横越、穿越等行为（图 2-11），不同的船舶行为所需的船舶间距不同，故占用的时空资源不同。相较于直线航行，汇入、横越、穿越等对时空资源的占用更多，因此在航道节点部位会产生一定的时空资源损耗。

文元桥、刘敬贤等在建立基于船舶领域的港口公共航道通过能力计算模型时，结合船舶的行为特征，给出了汇入领域、横越领域的概念。本书在其基础上，根据内河航行的特征进行了一定改进，将其定义为汇入间距、横越间距，并结合水网航道船舶安全间距模型，对不同船舶行为所占用的时空资源进行了计算。

定义 2-3：汇出船舶从汇出点汇入另一航道中船舶队列时，队列中距离汇出点最近的相邻两艘船需要保证汇出船舶安全汇入的间距称为汇入间距。记为 D_{add}[图 2-11(c)、(d)]。

定义 2-4：在有汇入、横越或者穿越的情况下，在汇入、汇出或者穿越船舶横越航道通航水域时，所横越的航道船舶队列中距离汇入或汇出点最近的相邻两艘船需要保证汇入、汇出或者穿越船舶安全横越的间距称为横越间距。记为 D_{cro}[图 2-11(b)、(d)、(e)]。

根据不同船舶行为的特征，图 2-11 中除直线航行之外的四种船舶行为所需时空资源分别为：

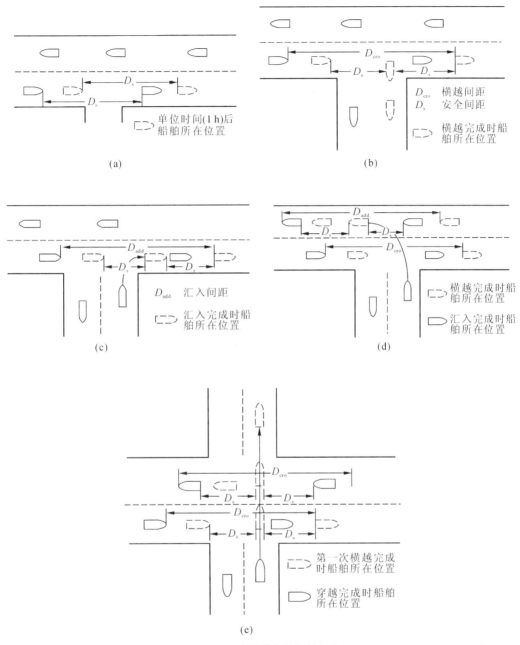

图 2-11　水网节点处船舶行为

(a) 直线航行;(b) 横越;(c) 同侧汇入;(d) 异侧汇入;(e) 穿越

$$C_{\mathrm{cro}} = \left(V_{\mathrm{ave}} \times \frac{B_{\mathrm{ch}} + L_{\mathrm{cro}}}{V_{\mathrm{cro}}} + 2 \times D_{\mathrm{s}} + B_{\mathrm{cro}} \right) \times \frac{B_{\mathrm{ch}} + L_{\mathrm{cro}}}{3600 \times V_{\mathrm{cro}}} \qquad (2\text{-}13)$$

$$C_{\mathrm{add}}^{\mathrm{sam}} = \left(V_{\mathrm{ave}} \times \frac{\frac{\pi B_{\mathrm{ch}}}{2} + L_{\mathrm{add}}^{\mathrm{sam}}}{V_{\mathrm{add}}^{\mathrm{sam}}} + 2 \times D_{\mathrm{s}} + L_{\mathrm{add}}^{\mathrm{sam}}\right) \times \frac{\frac{\pi B_{\mathrm{ch}}}{2} + L_{\mathrm{add}}^{\mathrm{sam}}}{3600 \times V_{\mathrm{add}}^{\mathrm{sam}}} \tag{2-14}$$

$$C_{\mathrm{add}}^{\mathrm{dif}} = \left(V_{\mathrm{ave}} \times \frac{B_{\mathrm{ch}}}{V_{\mathrm{add}}^{\mathrm{dif}}} + 2 \times D_{\mathrm{s}} + B_{\mathrm{add}}^{\mathrm{dif}}\right) \times \frac{B_{\mathrm{ch}}}{3600 \times V_{\mathrm{add}}^{\mathrm{dif}}}$$
$$+ \left(V_{\mathrm{ave}} \times \frac{\frac{\pi B_{\mathrm{ch}}}{2} + L_{\mathrm{add}}^{\mathrm{dif}}}{V_{\mathrm{add}}^{\mathrm{dif}}} + 2 \times D_{\mathrm{s}} + L_{\mathrm{add}}^{\mathrm{dif}}\right) \times \frac{\frac{\pi B_{\mathrm{ch}}}{2} + L_{\mathrm{add}}^{\mathrm{dif}}}{3600 \times V_{\mathrm{add}}^{\mathrm{dif}}} \tag{2-15}$$

$$C_{\mathrm{over}} = \left(V_{\mathrm{ave}} \times \frac{B_{\mathrm{ch}} + L_{\mathrm{over}}}{V_{\mathrm{over}}} + 2 \times D_{\mathrm{s}} + B_{\mathrm{over}}\right) \times \frac{B_{\mathrm{ch}} + L_{\mathrm{over}}}{3600 \times V_{\mathrm{over}}}$$
$$+ \left(V_{\mathrm{ave}} \times \frac{B_{\mathrm{ch}}}{V_{\mathrm{over}}} + 2 \times D_{\mathrm{s}} + B_{\mathrm{over}}\right) \times \frac{B_{\mathrm{ch}}}{3600 \times V_{\mathrm{over}}} \tag{2-16}$$

式中　C_{cro}——横越占用时空资源，$\mathrm{m}^2 \cdot \mathrm{h}$；

$\quad\quad C_{\mathrm{add}}^{\mathrm{sam}}$——同侧汇入占用时空资源，$\mathrm{m}^2 \cdot \mathrm{h}$；

$\quad\quad C_{\mathrm{add}}^{\mathrm{dif}}$——异侧汇入占用时空资源，$\mathrm{m}^2 \cdot \mathrm{h}$；

$\quad\quad C_{\mathrm{over}}$——穿越占用时空资源，$\mathrm{m}^2 \cdot \mathrm{h}$；

$\quad\quad V_{\mathrm{ave}}$——离汇入点或汇出点最近的相邻两艘船的平均航速，$\mathrm{m/s}$；

$\quad\quad L_{\mathrm{cro}}, L_{\mathrm{add}}^{\mathrm{sam}}, L_{\mathrm{add}}^{\mathrm{dif}}, L_{\mathrm{over}}$——横越、同侧汇入、异侧汇入、穿越船舶的船长，$\mathrm{m}$；

$\quad\quad V_{\mathrm{cro}}, V_{\mathrm{add}}^{\mathrm{sam}}, V_{\mathrm{add}}^{\mathrm{dif}}, V_{\mathrm{over}}$——横越、同侧汇入、异侧汇入、穿越船舶的航速，$\mathrm{m/s}$；

$\quad\quad B_{\mathrm{cro}}, B_{\mathrm{add}}^{\mathrm{dif}}, B_{\mathrm{over}}$——横越、异侧汇入、穿越船舶的宽度，$\mathrm{m}$。

因此，水网航道节点处船舶行为所造成的时空资源损耗为：

$$C_{\mathrm{node}} = T \sum_k \left\{ N_n \times P_k \times \sum_j \left[p_j \times \sum_i (p_i \times C_{ij}^k) \right] \right\} \tag{2-17}$$
$$k \in \{\text{横越，同侧汇入，异侧汇入，穿越}\}$$

式中　C_{node}——节点时空损耗，$\mathrm{m}^2 \cdot \mathrm{h}$；

$\quad\quad P_k$——船舶行为 k 发生的概率；

$\quad\quad C_{ij}^k$——第 j 类船舶在航速为 V_i 时的船舶行为 k 所占用的时空资源，$\mathrm{m}^2 \cdot \mathrm{h}$；

$\quad\quad N_n$——单位时间（1 h）内到达交叉口的船舶数量，有：

$$N_n = m \sum_j \left[p_j \times \sum_i \left(p_i \times \frac{V_i}{h_{ij}} \right) \right] \tag{2-18}$$

$\quad\quad m$——交叉口连接的航段数量，$m = 3$ 的为 T 形交叉口，$m = 4$ 的为十字形交叉口。

水网航道可用时空资源为总资源减去节点时空损耗，因此考虑节点消耗的水网航道通过能力 C_a 为：

$$C_a = \frac{C_{ch} - C_{node}}{C_{ship}} \qquad (2\text{-}19)$$

2.2.3 算例

本节以长湖申线-湖嘉申线水网为实例，根据时空消耗分析的理论模型计算其通过能力。该水网中航道总长为 92.6 km，双向通行，因此，单位时间（1 h）内提供的总时空资源为：

$$C_{ch} = \int_{t_0}^{t_1} L_{ch} \times N_{ch} \times B_{ch} \times dt = 185200 \text{ m}^2 \cdot h$$

根据式（2-6）计算各类船舶航行时所占用时空资源，如表 2-4 所示，根据式（2-9）计算得单位时间驶出水网的船舶数量 S_{out} 为 241.822 艘次 /h，因此，该水网的单位时间内通过能力为：

$$C_t = \frac{N_{ch} \times L_{ch}}{h_{ship}} + TS_{out} = 2892.447 \approx 2892 \text{ 艘次 /h}$$

表 2-4　各类船舶航行所占用的时空资源（m² • h/ 艘次）

航速（m/s）	船长（m）	25	35	45	55	总计
	比例	0.0417	0.3988	0.5337	0.0258	1.000
1.25	0.017	46.497	59.782	33.212	73.067	45.390
1.55	0.051	52.764	67.839	37.688	82.915	51.508
1.65	0.059	54.853	70.525	39.181	86.197	53.547
1.75	0.068	56.942	73.211	40.673	89.480	55.586
1.85	0.063	59.031	75.897	42.165	92.763	57.625
1.95	0.070	61.120	78.582	43.657	96.045	59.664
2.05	0.051	63.209	81.268	45.149	99.328	61.704
2.15	0.055	65.298	83.954	46.641	102.611	63.743
2.25	0.051	67.387	86.640	48.133	105.893	65.782
2.35	0.051	69.476	89.326	49.625	109.176	67.821
2.45	0.030	71.565	92.012	51.118	112.459	69.861
2.55	0.042	73.653	94.697	52.610	115.741	71.900
2.65	0.055	75.742	97.383	54.102	119.024	73.939

续表 2-4

航速（m/s）	船长（m）	25	35	45	55	总计
	比例	0.0417	0.3988	0.5337	0.0258	1.000
2.75	0.044	77.831	100.069	55.594	122.306	75.978
2.85	0.042	79.920	102.755	57.086	125.589	78.017
2.95	0.053	82.009	105.441	58.578	128.872	80.057
3.125	0.061	85.665	110.141	61.189	134.616	83.625
3.375	0.042	90.887	116.855	64.920	142.823	88.723
3.75	0.055	98.721	126.927	70.515	155.133	96.370
4.00	0.040	103.943	133.641	74.245	163.340	101.469
总计	1.000	71.574	92.024	51.125	112.474	69.870

采用同样的方法，可以计算出各类型船舶行为导致的时空资源消耗（具体见附录 A），结果如表 2-5 所示。

表 2-5　不同船舶行为所占用的时空资源（$m^2 \cdot h$/ 艘次）

横越	同侧汇入	异侧汇入	穿越
2.282	3.899	4.715	3.097

根据式（2-18）可知，单位时间（1 h）内平均到达每个交叉口的船舶总数为 1755.478 艘次。分析 2011 年该水域船舶 GPS 数据可知，直行、横越、同侧汇入、异侧汇入、穿越行为发生的比例分别为 27.40%、17.12%、21.92%、23.97%、9.59%，由此可计算节点消耗的时空资源为：

$$C_{node} = T \sum_k \left\{ N_n \times P_k \times \sum_j \left[p_j \times \sum_i (p_i \times C_{ij}^k) \right] \right\} = 44691.605 \ m^2 \cdot h$$

因此，考虑节点消耗的水网航道通过能力为：

$$C_a = \frac{C_{ch} - C_{node}}{C_{ship}} = 2825.300 \approx 2825 \ 艘次 /h$$

算例中长湖申线 - 湖嘉申线水网交叉口水域所占比例较小，因此水网航道通过能力受交叉口处船舶横越、汇入等行为的影响较少，仅由 2892 艘次 /h 减少至 2825 艘次 /h，下降幅度为 2.32%。如果不断增加节点数量，在各种船舶行为比例不变的条件下，节点时空损耗随节点数量增加呈线性比例增加，通过能力也相应呈线性比例下降。

为分析水网航道通过能力与船长、航速之间的关系，假设水网航道中的航行船舶有相同的船长及相同的航速，则根据以上公式计算的水网航道通过能力及船舶的总载重吨(Dead Weight Tonnage,DWT)随船长、航速变化曲线分别如图 2-12、图 2-13 所示。当船长或速度较小时,单位时间服务的船舶数量随船长、航速的增大而明显减少;当船长大于 40 m、航速大于 3 m/s 时,船长和航速对水网航道通过能力的影响逐渐变小。船舶总载重吨则随船长增大而增大,随航速增大而减小。

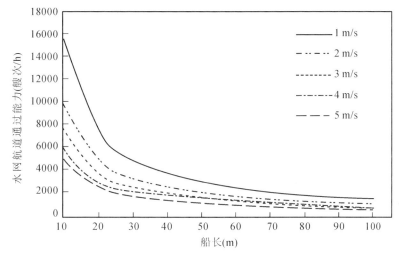

图 2-12　水网航道通过能力随船长、航速变化曲线

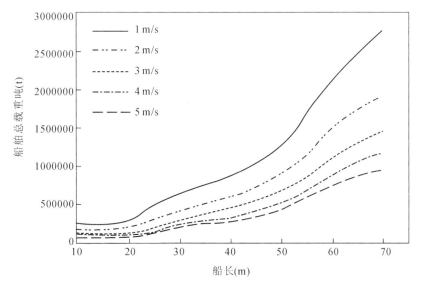

图 2-13　船舶总载重吨随船长、航速变化曲线

3 基于 SIVAK 的水网航道通过能力仿真

本章利用荷兰交通部开发的仿真软件 SIVAK 对所研究的水网交通流进行仿真,分析不同的交通组织模式(如双向通航、单向通航、停航或混合模式)下,船舶的通过能力、等待时间和平均速度。

3.1 SIVAK 仿真软件

仿真模型 SIVAK(SImulatie VAarwegen en Kunstwerken,用于水路与土木工程的仿真模型)是由 Rijkswaterstaat—— 荷兰交通部水管司(负责道路和水网基础设施的设计、施工、管理和维护)设计开发的仿真程序,主要用于模拟桥梁、船闸、狭水道、航道及由这些部件组成的航道网的交通流情况。荷兰交通部通过 SIVAK 的仿真结果来分析船闸、桥梁等基础设施的运行状况,以优化控制策略。

3.1.1 模块概述

SIVAK 的核心是 PROSIM 模型,在 PROSIM 环境下运行。SIVAK 有自己的用户界面,创建及管理输入文件并分析输出文件。

SIVAK 通过模块设置船舶种类和大小,船闸尺度和服务时间,以及船舶到达规律等参数。水网中能够用到的几个模块如下所示:

(1) 船舶等级(Ship class)

SIVAK 仿真中将船舶分为若干等级,船舶等级模块即用于设置不同等级船舶的具体参数,如载重吨、船宽、船长等(图 3-1)。

(2) 到达规律(Arrival pattern)

船舶到达规律是指单位时间通过某一截面的船舶数量分布,SIVAK 用一周内每小时的到船数量进行描述(图 3-2)。

(3) 航段(Waterway section)

航段模块主要用于设置仿真中所用航段的属性,包括长度、宽度、水深、流速、航速限制,以及是否允许追越及追越参数的设置(图 3-3)。

(4)船队单元(Fleet share)

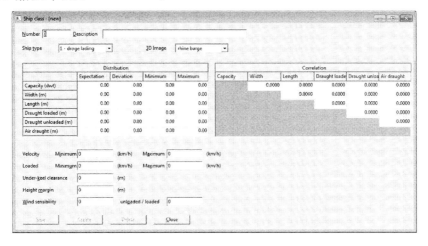

图 3-1 船舶等级模块

图 3-2 到达规律模块

图 3-3 航段模块

SIVAK 仿真软件中,为方便船舶的生成及管理,不同等级的船舶组成船队单元。在该模块中可以设置每一等级船舶装载与空载比例、到达规律、在船队单元中的比例等(图 3-4)。

图 3-4   船队单元模块

(5) 船队(Fleet)

船队是有相同起讫点的船队单元的集合。船队模块可以设定最终用于仿真的船舶数量及仿真时间(图 3-5)。

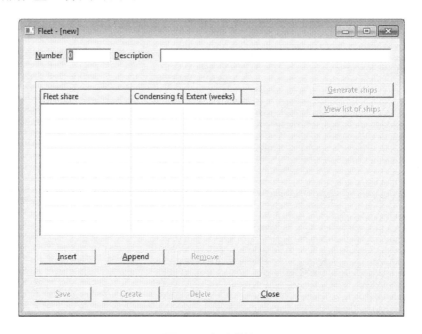

图 3-5   船队模块

（6）航道网络（Network）

航道网络模块是利用不同的组件、节点、航段、桥梁、船闸等构建所研究水域的拓扑结构（图 3-6）。

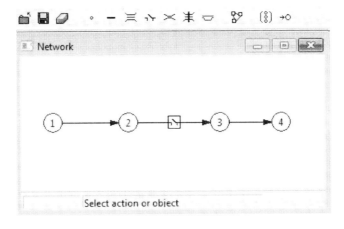

图 3-6　航道网络模块

（7）路径设置（Route network ）

在构建的网络中设置各船队航行的起讫点、方向等，也可以为其设置备择路径。当原设置路径上等待时间超过预设值时，船舶将会使用备择路径（图 3-7）。

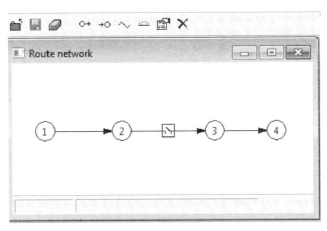

图 3-7　路径设置模块

3.1.2　仿真模型

1）船舶的生成

在 SIVAK 仿真软件中，船舶的生成由船舶等级、到达规律、船队单元、船队等模块进行控制,生成过程有如下两个阶段。

（1）确定船舶的到达时间

① 根据到达规律模块可以确定船舶的相对密度（即每小时到达的船舶数量）,如图 3-8 所示。

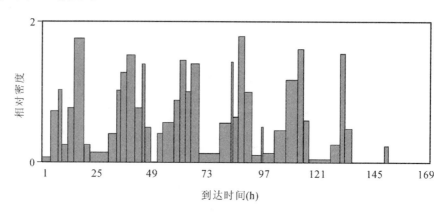

图 3-8　相对密度函数

② 对该密度函数进行标准化并将其转换成时间的累积分布函数。

③ 生成 $0 \sim 1$ 之间的随机数 p_i,直线 $P = p_i$ 与累积分布函数曲线的第一个交点即船舶到达时间 t_i,如图 3-9 所示。

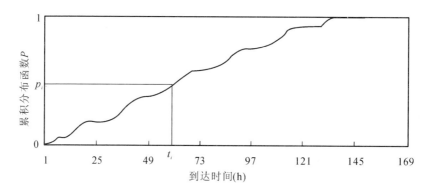

图 3-9　到达时间的确定

（2）确定船舶特征

① 根据船队模块和船队单元模块确定不同等级船舶的数量。

② 按照不同船舶等级的比例赋予生成的船舶船型、航速等特征。

2）航行及避碰

在航段中,船舶保持在右侧航行,会遇主要有两种情况:对遇和追越。如图 3-10 所示,船舶 A 正在追越船舶 B 并和船舶 C 对遇。为考虑安全,仿真时设立了 5 个参数：L_{before} 和 L_{past}（被追越船舶的船长倍数），D_{meet}、D_{bank} 和 D_{over}（其船宽倍数）。

两个航道的交叉水域在 SIVAK 中称为节点（node），SIVAK 对交叉水域的交通流进行了简化，每个节点一次只能通过一艘船。因此，仿真所得的结论中等待时间和等待船舶百分比会高于实际情况，但当进入水网的交通容量相同，要比较不同的交通组织模式下的交通流状况时，等待的时间仍是一个重要指标。此外，等待船舶百分比则可以部分反映交叉口的冲突率。

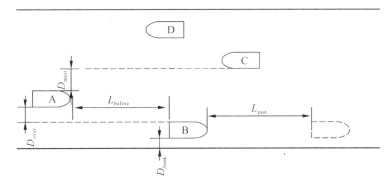

图 3-10　在航道中对遇和追越的情况

3.2　仿真参数设置

3.2.1　航段

在仿真范围所设定的长湖申线-湖嘉申线水网（图 1-2）中，航段 ③、⑦、⑨ 为四级航道，底宽 40 m、水深 2.5 m；其他均为三级航道，设计底宽 45 m、水深 3.2 m。航道中允许追越，无风、流影响。

3.2.2　船舶类别

根据对航道交通流的分析，该水网中航行的船舶可以分为 9 个船舶等级（主要以船长标准来分类），如表 3-1 所示。图 3-11 是各等级船舶所占比例，可以看出大部分的船舶类别都是 WN5 和 WN6，超过 95% 的船舶的长度小于 50 m。

表 3-1　船舶类别

船舶类别	载重吨(t)	宽度(m)	长度(m)
WN 1	21 ~ 42	3.4 ~ 4.41	15.95 ~ 20
WN 2	38 ~ 98	3.8 ~ 5.4	20.1 ~ 25
WN 3	60 ~ 240	4.6 ~ 6.2	25.1 ~ 30
WN 4	80 ~ 530	4.98 ~ 7.18	30.03 ~ 35
WN 5	126 ~ 550	5.5 ~ 8.48	35.01 ~ 40
WN 6	183 ~ 830	5.6 ~ 9.97	40.04 ~ 45
WN 7	296 ~ 800	7.6 ~ 10	45.1 ~ 49.9
WN 8	450 ~ 1010	6.6 ~ 11.85	50.1 ~ 55
WN 9	830 ~ 1450	10.19 ~ 11.8	55.1 ~ 60

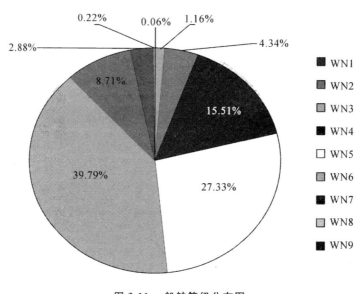

图 3-11　船舶等级分布图

3.2.3　到达规律

仿真中所用数据主要是来自湖州港航管理局船舶交通监管系统的船舶 GPS 数据。为获取每个入口较为准确的船舶到达规律,本节利用湖州港航管理局在湖州船闸和吴沈门船闸的观测数据对 2011 年船舶 GPS 数据进行修正,结果如图 3-12 所示。

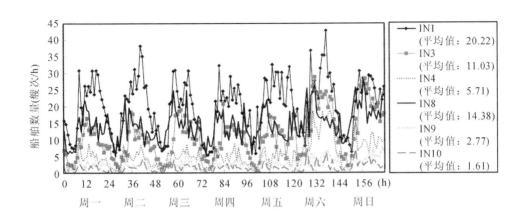

图 3-12　水网中每个入口的到达规律(一周)

3.2.4　船队单元与船队

仿真中,相同起讫点的船舶为同一船队,图 3-13 展示了仿真使用的船队船舶数量及对应起讫点。可以看出,由入口 IN1 和 IN8 进入水网的船舶数量最多,IN1 进入的船舶大部分驶向 IN8,IN8 进入的船舶则大部分驶向 IN1、IN3 和 IN10。

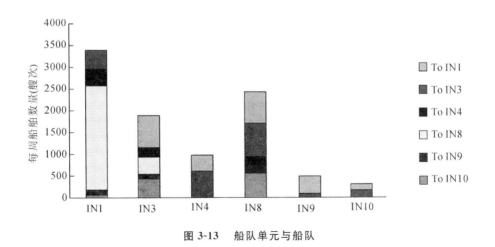

图 3-13　船队单元与船队

3.3 仿真实验与结果分析

3.3.1 验证

通过以上设置,可以建立基本的水网交通流仿真模型。利用湖州船闸和吴沈门船闸 2011 年船舶 GPS 观测数据对仿真结果进行检验,结果如图 3-14 所示。其中 P 值为双样本均值 t 检验结果。从图 3-14 中可以看出:

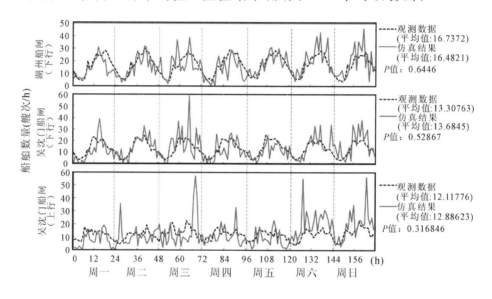

图 3-14　观测数据与仿真结果的对比

(1)与观测数据相比,仿真结果有较大波动,但二者均值相似,昼夜差异基本相同。

(2)湖州船闸(下行)、吴沈门船闸(下行)由于观测截面离船舶入口较近,仿真数据与观测数据较为相似,船舶到达吴沈门船闸(上行)观测截面时,受追越及节点等待时间的影响,在某些时刻与观测数据有较大差异。

(3)通过 t 检验可知,仿真结果与观测数据匹配良好,能够较好地体现湖州水网的交通流特征,该仿真模型可以应用于交通流的研究。

3.3.2　仿真实验

为了分析交通组织方式水网交通流的特点,本书测试了当船舶生成数量分别为 2011 年船舶数量的 150％、200％、250％、300％时 4 种交通组织模式下的船舶交通流状况,分别为:

(1)正常 0(记为 N0):所有航道均为双向通航。

(2)管制 1(记为 C1):航道 ⑥ 为单向通航。

(3)管制 2(记为 C2):航道 ⑤、⑥ 均为单向通航,⑤ 上行,⑥ 下行。

(4)管制 3(记为 C3):航道 ⑥ 停航。

仿真实验结果如图 3-15 所示,图中的"在航"是指在单位时间(1 h)内还未驶出航道的船舶数量。由图 3-15 可知:

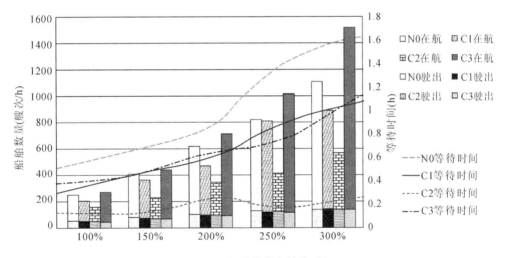

图 3-15　船舶数量与等待时间

(1)当单位时间内驶入船舶数量增加时,驶出航道的船舶数量及总量也随之增加。

(2)4 种交通组织模式下,每小时驶出的船舶数量基本相同,但在航船舶数量有明显差异,当驶入船舶数量达到 2011 年船舶数量的 250％、300％ 时,驶出航道的船舶数量大约是 150 艘次 /h。

(3)等待时间随船舶数量的增加呈现整体上升的趋势,模式 C2 下等待时间上升趋势较为缓和,有小幅波动。

(4)4 种交通组织模式下的船舶在等待时间上有明显的差异:模式 N0 中

船舶等待时间最长,模式 C2 的最短。主要是因为 C2 的交通状况最简单,航道⑤、⑥ 均为单向通航,船舶不存在对遇,且较少船舶在相同的时间到达同一个节点,即节点冲突率较小。

从航段角度分析,航道⑤、⑥ 最为繁忙,平均等待时间最长,航速较慢,如图 3-16 所示(图中 $PWT = \dfrac{T_{\text{wait}}}{T_{\text{total}}} \times 100\%$,其中,$T_{\text{wait}}$ 为船舶通过该航段的等待时间,T_{total} 为通过该航段的总通过时间)。由图 3-16 可知:

(1)随着船舶数量的增加,船舶航速下降,等待时间增加,等待时间占通过总时间的比例增大;

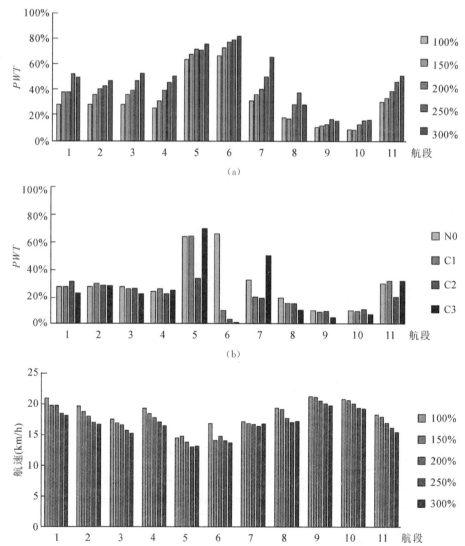

（a）

（b）

（c）

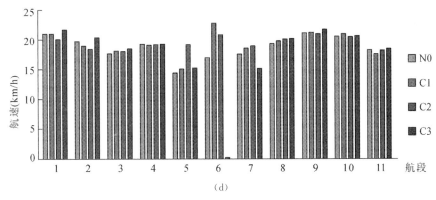

图 3-16   每个航道中的等待时间和平均航速

(a)模式 N0 下各航段的 *PWT*;

(b)2011 年交通量在模式 N0、C1、C2、C3 下各航段的 *PWT*;

(c)模式 N0 下各航段的船舶平均航速;

(d)2011 年交通量在模式 N0、C1、C2、C3 下各航段的船舶平均航速

（2）模式 C2 下,各航段平均等待时间均为 4 个模式下最短的,各航段平均航速变化幅度较小;

（3）C2 和其他模式之间的主要区别是航道⑤、⑥ 的等待时间;

（4）在模式 C1、C2、C3 中,由于航道⑥ 单向通行或停航,航道⑤ 比其他航道通过更多的船舶,导致更长的等待时间和较低的航速。

以上仿真实验中,船舶组成及每个入口驶入船舶数量比例与该水域 2011 年的情况相同,交通流分布不均。因此,当船舶生成数量达到 2011 年船舶数量的 250% 后,等待时间增长,单位时间驶出航道的船舶数量趋于稳定,但也有部分航道未饱和。为获取水网航道的通过能力而进行仿真实验,将各入口单位时间驶入船舶数量设定为相同,船舶生成数量由每周 5000 艘次依次增加到每周 35000 艘次,实验结果如图 3-17 所示,其中,总量是指单位时间(1 h)内驶出航道船舶和在航船舶数量的总和。当航道饱和时,船舶生成数量增加,单位时间驶出航道的船舶数量不变,水网航道中在航船舶数量急剧增加,因此,总量是能够体现水网航道中交通拥堵状况的一个指标。由图 3-17 可以看出,当交通量增长至 25000 艘次 /h,等待时间急剧增长,单位时间驶出船舶数量逐渐趋于平稳,总量增加,若以该点作为航道饱和点,则长湖申线 - 湖嘉申线水网航道通过能力约为 2000 艘次 /h,单位时间驶出航道的船舶数量为 150 艘次 /h。

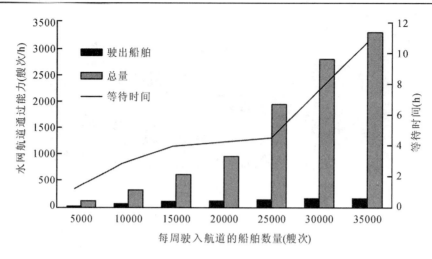

图 3-17　仿真实验结果

4 基于离散选择模型的水网航道通过能力仿真

4.1 离散选择模型概述

离散选择模型(Discrete Choice Model,DCM)是多重变量分析的方法之一,它描述了决策者(个人、家庭、企业或其他的决策单位)在不同的可供选择的选项(如竞争性的产品、行为的过程等)之间所做出的选择,被广泛用于许多研究领域,如能源、交通运输,可以较好地表达水网中船舶路径的选择行为。

离散选择模型是在决策者效用最大化行为的假设下推导出来的。最初Thurstone 从心理激励的角度,引入比较判定定律(Law of Comparative Judgment),即人类对事件选择的概率是建立在对事物感知的基础上,这种感知包括可观测部分 V_{ni} 和不可观测部分 ε_{ni}。Marschak 将这种感知刺激称为效用 $U_{ni} = V_{ni} + \varepsilon_{ni}$,并在此基础上对决策者的选择概率进行理论上的推导,建立了随机效用最大化模型(Random Utility Maximization,RUM)。

根据不可观测部分的分布函数 $f(\varepsilon_{ni})$,离散选择模型可以分为四种:Logit 模型、广义极值模型(GEV)、Probit 模型和混合 Logit(Mixed Logit,ML) 模型。最简单、目前为止使用最为广泛的是 Logit 模型,该模型最著名的应用之一就是 1972 年 McFadden 等对旧金山海湾地区的一种新型快速铁路系统(Bay Area Rapid Transit,BART) 客流量的预测。GEV 模型家族中,使用得最为广泛的模型被称为嵌套 Logit(Nested Logit,NL) 模型。Probit 模型是在不可观测效用部分服从联合正态分布的假设条件下推导出来的。混合 Logit 模型是指由 Logit 模型的混合体组成的模型。

根据离散选择行为的基本理论,决策者对于某个选择枝的效用函数可表达为:

$$\left.\begin{array}{l} U_{ni} = V_{ni} + \varepsilon_{ni} \\ V_{ni} = \sum_a \lambda_a x_{ni}^a \end{array}\right\} \qquad (4\text{-}1)$$

式中　　U_{ni}——决策者 n 关于选择枝 i 的效用;

　　　　V_{ni}——可观测的因素构成的效用定项;

　　　　ε_{ni}——不可观测的因素构成的效用随机项;

　　　　x_{ni}^a——可观测的第 a 个影响选择行为的变量;

　　　　λ_a——变量 x_{ni}^a 的系数。

根据效用最大化理论,决策者决策时总是选择他认为对自己效用最大的那个选择枝。因此,基于随机效用最大化理论建立的离散选择模型中,决策者 n 选择选择枝 i 的概率 P_{ni} 表述如下:

$$\begin{aligned} P_{ni} &= P(U_{ni} > U_{nj}, \forall j \neq i) = P(V_{ni} + \varepsilon_{ni} > V_{nj} + \varepsilon_{nj}, \forall j \neq i) \\ &= P(\varepsilon_{nj} < V_{ni} - V_{nj} + \varepsilon_{ni}, \forall j \neq i) \end{aligned} \qquad (4\text{-}2)$$

Logit 模型的基础是假设效用的不可观测部分的密度函数 $f(\varepsilon_{nj})$ 服从独立同分布的 Gumbel 分布,因此,决策者 n 选择选择枝 i 的概率为:

$$P_{ni} = \frac{\exp(V_{ni})}{\sum_{j=1}^{J} \exp(V_{nj})} \qquad (4\text{-}3)$$

模型中的参数一般采用极大似然法进行估计。设决策者 n 实际选择不同交通方式的结果为 $\delta_{ni}(i \in A_n)$,定义如下:

$$\delta_{ni} = \begin{cases} 1, & \text{个人 } n \text{ 选择了路径 } i \\ 0, & \text{个人 } n \text{ 未选择路径 } i \end{cases} \qquad (4\text{-}4)$$

显然,$\sum_{i \in A_n} \delta_{ni} = 1$。

那么,决策者 n 选择不同交通方式的联合概率为: $\prod_{i \in A_n} P_{ni}^{\delta_{ni}}$,当样本容量为 N 时,样本的似然函数为 $L = \prod_{n=1}^{N} \prod_{i \in A_n} P_{ni}^{\delta_{ni}}$,取对数即可得到相应的对数似然函数 LL:

$$LL = \ln(L) = \sum_{n=1}^{N} \sum_{i \in A_n} \delta_{ni} \ln(P_{ni}) = \sum_{n=1}^{N} \sum_{i \in A_n} \delta_{ni} \left\{ \boldsymbol{\beta}^{\mathrm{T}} \boldsymbol{X}_{ni} - \ln\left[\sum_{j \in A_n} \exp(\boldsymbol{\beta}^{\mathrm{T}} \boldsymbol{X}_{nj}) \right] \right\}$$

$$(4\text{-}5)$$

LL 是向量 $\boldsymbol{\beta}$[其中 $\boldsymbol{\beta} = (\lambda_1, \cdots, \lambda_a, \cdots)^\top$] 的凹函数,使 LL 达到最大值的极大似然估计向量 $\hat{\boldsymbol{\beta}}$ 应该是由式(4-5)对 $\boldsymbol{\beta}_k$ 的偏导为零得到的联立方程组的解。对于向量 $\boldsymbol{X}_{ni}$ 有,$\boldsymbol{X}_{ni} = (x_{ni}^1, \cdots, x_{ni}^a, \cdots)^\top$。联立方程组是关于 $\boldsymbol{\beta}_k$ 的 k 个非线性方程,故很难求其精确解,但可以用 NR(Newton-Raphson)、拟牛顿法 DFP(Davidon-Fletcher-Powell)、SD(Steepest Descent) 和 BFGS(Broyden-Flectcher-Golfarb-Shanno) 算法求其近似解,也可以简便地应用 SPSS、SAS 等统计学软件进行求解。

4.2　水网航道船舶路径选择模型

4.2.1　模糊数学

构建离散选择模型的一个重要内容是效用函数的确定,效用函数由备择选项和决策个体的属性变量所决定。由于水网航道是一个复杂的动态系统,航行其中的船舶选择路径时也多缘于对过去经验的主观判断,内河水网离散选择模型中存在着许多主观的、定性的、难以度量的解释变量。传统的离散选择模型是将这些主观的、定性的变量通过分类变量、哑变量的方式进行离散化表达,对于本质上是离散的变量,离散化的表达是足够的,但是,对于本质上属于连续的定性变量来说,这种表达不一定恰当。

主观的、定性的变量的一个明显特征是从属于到不属于之间无明显分界线,这种现象被称为模糊,模糊数学就是用数学方法研究模糊现象,无明确边界,用"属于程度"代替"属于""不属于"。模糊数学在人工智能、控制、决策、专家系统、医学等领域都有着广泛而不可替代的运用。

在模糊数学中,事物属于某一类别的程度可以用隶属函数表示,常见的隶属函数如表 4-1 所示。

为处理影响水网航道船舶路径选择的定性解释变量,本节将引入模糊数学对其进行分析处理。

表 4-1　常见的隶属函数

	偏大型	偏小型	中间型
梯形	$A(x) = \begin{cases} 1, x < a \\ \dfrac{b-x}{b-a}, a \leqslant x \leqslant b \\ 0, x > b \end{cases}$	$A(x) = \begin{cases} 0, x < a \\ \dfrac{x-a}{b-a}, a \leqslant x \leqslant b \\ 1, x > b \end{cases}$	$A(x) = \begin{cases} 0, x < a \\ \dfrac{x-a}{b-a}, a \leqslant x < b \\ 1, b \leqslant x < c \\ \dfrac{d-x}{d-c}, c \leqslant x < d \\ 0, x \geqslant d \end{cases}$
正态形	$A(x) = \begin{cases} 1, x \leqslant a \\ \mathrm{e}^{-(\frac{x-a}{\sigma})^2}, x > a \end{cases}$	$A(x) = \begin{cases} 1, x > a \\ \mathrm{e}^{-(\frac{x-a}{\sigma})^2}, x \leqslant a \end{cases}$	$A(x) = \mathrm{e}^{-(\frac{x-a}{\sigma})^2}$
抛物线形	$A(x) = \begin{cases} 1, x \leqslant a \\ (\dfrac{b-x}{b-a})^k, a < x \leqslant b \\ 0, x > b \end{cases}$	$A(x) = \begin{cases} 0, x < a \\ (\dfrac{x-a}{b-a})^k, a \leqslant x \leqslant b \\ 1, x > b \end{cases}$	$A(x) = \begin{cases} 0, x < a \\ (\dfrac{x-a}{b-a})^k, a \leqslant x < b \\ 1, b \leqslant x < c \\ (\dfrac{d-x}{d-c})^k, c \leqslant x < d \\ 0, x \geqslant d \end{cases}$

4.2.2　因子分析

由于条件限制,观测所获取的解释变量可能只是影响船舶路径选择的潜在变量的表象,而这些解释变量之间存在很强的相关性,如费用与距离等,直接使用会造成信息的重复利用,因此,需要对其进行因子分析。

因子分析是用少数因子描述众多指标或因素之间的联系并反映原资料的大部分信息的统计方法。因子分析方法最早由心理学家 Spearman 于 20 世纪初在研究各科成绩与智力条件之间的关系时提出。因子分析的目的是为了降维,试图用一组观测到的变量描述更为基本的、但又无法直接观测到的潜变量(latent variable),用这少数几个潜变量描述原始变量间的协方差关系。此外,将观测到的几个相关变量归入一个潜变量,可减少变量的数目。

设有 p 维随机向量 $\boldsymbol{x} = (x_1, x_2, \cdots, x_p)^\mathrm{T}$,其均值为 $\boldsymbol{\mu} = (\mu_1, \mu_2, \cdots, \mu_p)^\mathrm{T}$,则因子分析的一般模型为:

$$
\left.
\begin{aligned}
x_1 &= \mu_1 + a_{11}f_1 + a_{12}f_2 + \cdots + a_{1m}f_m + \varepsilon_1 \\
x_2 &= \mu_2 + a_{21}f_1 + a_{22}f_2 + \cdots + a_{2m}f_m + \varepsilon_2 \\
&\qquad\qquad\qquad\vdots \\
x_p &= \mu_p + a_{p1}f_1 + a_{p2}f_2 + \cdots + a_{pm}f_m + \varepsilon_p
\end{aligned}
\right\}
\tag{4-6}
$$

其中,$f_1,f_2,\cdots,f_m$ 为公共因子,$\varepsilon_1,\varepsilon_2,\cdots,\varepsilon_p$ 为特殊因子,它们都是不可观测的随机变量。在每一个原始变量表达式中都出现过的公共因子即为原始变量所具有的公共因素。

式(4-6)可用矩阵表示如下:

$$
\boldsymbol{x} = \boldsymbol{\mu} + \boldsymbol{A}\boldsymbol{f} + \boldsymbol{\varepsilon}
\tag{4-7}
$$

其中,$\boldsymbol{f} = (f_1,f_2,\cdots,f_p)^{\mathrm{T}}$ 为公共因子向量,$\boldsymbol{\varepsilon} = (\varepsilon_1,\varepsilon_2,\cdots,\varepsilon_p)^{\mathrm{T}}$ 为特殊因子向量,$\boldsymbol{A} = (a_{ij})$ 称为因子载荷矩阵,利用极大似然法、主成分法、主因子法等方法可以对其进行参数估计。

4.2.3　船舶路径选择模型

为准确描述影响船舶路径选择的定性变量,本书所建立的路径选择模型将引入模糊评价,并对模型中的所用变量进行因子分析,避免信息重复使用的同时简化模型,具体方法如图 4-1 所示。对调研所确定的影响船舶路径选择效用的备择路径和决策个体的属性变量采用如下处理方法:① 定量描述的变量和可以离散化表达的解释变量均直接作为解释变量;② 变量中属于主观、定性的变量,运用模糊评价对其进行量化,将其处理为模糊变量;③ 对所有的变量进行因子分析,利用分析得到的因子建立效用函数。

本项目所构造的水网航道船舶路径选择模型中效用函数可以表示如下:

$$
\left.
\begin{aligned}
F_{ni}^{a} &= \sum_{i=1}^{L}\beta_{l}^{a}X_{ni}^{l} + \sum_{m=1}^{M}\gamma_{m}^{a}\Omega_{m}(Y_{ni}^{m}) \\
U_{ni} &= V_{ni} + \varepsilon_{ni} \\
V_{ni} &= \sum_{a=1}^{A}\lambda_{a}F_{ni}^{a} \\
P_{ni} &= \frac{\exp(V_{ni})}{\sum\limits_{j=1}^{J}\exp(V_{nj})}
\end{aligned}
\right\}
\tag{4-8}
$$

式中　F_{ni}^{a}——通过因子分析获取的船舶 n 选择路径 i 的第 a 个因子变量,因

子变量总数为 A；

U_{ni}——船舶 n 选择路径 i 的效用；

P_{ni}——船舶 n 选择路径 i 的概率，可选路径总数为 J；

$\beta_l^a,\gamma_m^a,\lambda_a$——变量系数；

X_{ni}^l——影响船舶 n 选择路径 i 的可观测定量变量 l，可观测定量变量总数为 L；

Y_{ni}^m——影响船舶 n 选择路径 i 的定性变量 m，定性变量总数为 M；

$\Omega_m(\cdot)$——定性变量 m 转换为模糊变量的转换函数。

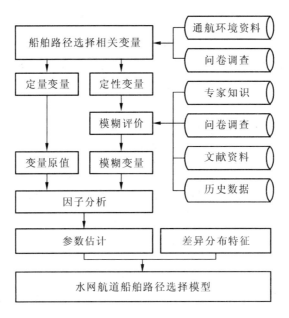

图 4-1　模型的技术路线

4.3　通过能力仿真

从国内外港口航道通过能力的研究现状来看，除了利用传统的统计方法、经验方法之外，随着计算机的发展，越来越多的学者利用计算机仿真技术对航道交通流进行动态仿真，分析、预测航道的通过能力。

本章的主要工作是在水网航道船舶路径选择模型的基础上，根据离散事件仿真原理，利用面向对象的计算机仿真技术，开发航道通过能力仿真软件（Waterway Network Simulation，WNSim），对水网航道的交通流进行模拟，并分析、预测长湖申线－湖嘉申线水网的航道通过能力。

4.3.1 系统逻辑模型

根据水网航道船舶航行特征,水网航道船舶交通系统中的事件主要有:船舶到达,路径选择,航道航行、追越等。在仿真中,这些事件在一定条件下被触发,不断地将系统从一个状态向下一个状态推进。根据系统状态以及各类事件的触发条件,可以建立水网航道交通系统逻辑模型,如图4-2所示。

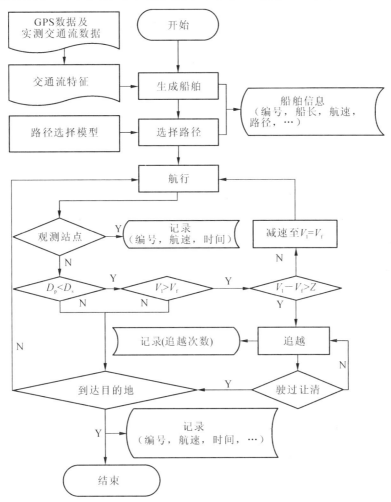

- D_p: 实际船舶间距;
- D_s: 安全间距;
- V_l: 后船航速;
- V_f: 前船航速;
- Z: 预制船舶航速差临界值。

图 4-2 系统逻辑模型

4.3.2 船舶到达模型

系统仿真是从船舶到达仿真水网范围开始的,因此,首先要确定船舶的到达模型,根据该模型不断生成船舶,模拟船舶交通流。

根据第 2 章及 4.2 节对水网航道交通流特征的分析可知,船舶到达模型服从泊松分布,其概率函数为:

$$P(X = k) = \frac{e^{-\lambda}\lambda^k}{k!} \quad (k = 0, 1, 2, \cdots; \lambda > 0) \tag{4-9}$$

因此,相邻两艘船之间的时间间隔服从负指数分布,其概率密度函数为:

$$f(x) = \begin{cases} \lambda e^{-\lambda x} & x \geqslant 0 \\ 0 & x < 0 \end{cases} \quad (\lambda > 0) \tag{4-10}$$

累计分布函数为:

$$F(x) = 1 - e^{-\lambda x} \tag{4-11}$$

在仿真模拟中,可以通过编程产生服从参数为 λ 的负指数分布的随机数 R,并将其作为两艘船到达的间隔时间,就可以生成等时间间隔内数量服从泊松分布的船舶交通流,即,若以 T_k 表示第 k 艘船的到达时间,则第 $k+1$ 艘船的到达时间可表示为:

$$T_{k+1} = T_k + R \tag{4-12}$$

4.3.3 路径选择模型

在仿真中,船舶依据 4.2 节所建立的水网航道船舶路径选择模型来选择路径。在仿真程序中,由于所选择的解释变量在数量级和量纲上有所不同,需要对数据进行标准化。数据标准化模块以原有历史数据为基础,对生成的数据进行标准化,即已知 n 艘船数据,对第 $n+1$ 艘船的数据进行标准化,原理如下:

数据标准化公式:

$$Z(x) = \frac{x - \bar{x}}{s(x)}$$

记

$$E_n = \bar{x} = \frac{1}{n}(x_1 + \cdots + x_n)$$

$$D_n = \frac{1}{n}(x_1^2 + \cdots + x_n^2)$$

则方差为：

$$S_n^2 = \left[s(x)^2 \right] = \frac{1}{n} \left[(x_1 - \overline{x})^2 + \cdots + (x_n - \overline{x})^2 \right]$$

$$= \frac{1}{n}(x_1^2 + \cdots + x_n^2) - E_n^2 = D_n - E_n^2$$

因为

$$E_n = \frac{1}{n}(x_1 + \cdots + x_n) = \frac{n-1}{n}(x_1 + \cdots + x_{n-1}) + \frac{x_n}{n} = E_{n-1} + \frac{x_n}{n}$$

$$D_n = \frac{1}{n}(x_1^2 + \cdots + x_n^2) = \frac{n-1}{n}(x_1^2 + \cdots + x_{n-1}^2) + \frac{x_n^2}{n} = D_{n-1} + \frac{x_n^2}{n}$$

所以

$$E_{n+1} = E_n + \frac{x_{n+1}}{n+1}$$

$$D_{n+1} = D_n + \frac{(x_{n+1})^2}{n+1}$$

4.3.4　航行追越模型

船舶在航道中航行,当船舶间距小于安全间距 D_s,且后船航速快于前船,前后船航速差大于临界值时,后船从前船左舷追越,驶过后船安全间距后回到原航道,具体过程如图 4-3 所示。

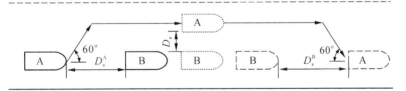

D_s^A：A 船安全间距；

D_s^B：B 船安全间距；

D_a：安全横距。

图 4-3　追越模型

4.4　仿真实验及结果分析

4.4.1　仿真参数设定

水网航道通过能力仿真的范围为第 2 章所设定的长湖申线和湖嘉申线组成的水网,其中,航道 ③、⑦、⑨ 为四级航道,底宽 40 m、水深 2.5 m;其他均为三级航道,设计底宽 45 m、水深 3.2 m。该区域航行船舶以小型货船为主,在三、四级航道上均可安全通行。

船舶在航道中航行,航速、船长等船型参数根据第 2 章中对水网航道船舶交通流特征的分析进行设置,安全间距采用第 2.2.1 节所建立的水网航道船舶安全间距模型,安全横距设置为 1 倍船宽。

由第 3 章对 GPS 数据及观测数据的分析可知,该水网航道交通流强度具有明显的昼夜差异,因此仿真中采用两个参数不同的泊松分布分别模拟不同时段的来船情况。根据第 3 章对各个入口到达规律的分析计算,仿真中各入口单位时间来船数量及泊松分布仿真参数 λ 如表 4-2 所示。

表 4-2　各入口单位时间来船数量及泊松分布仿真参数

	8:00 ~ 22:00		22:00 ~ 次日 8:00	
	数量(艘次/h)	仿真参数 λ	数量(艘次/h)	仿真参数 λ
IN1	30.08718	0.008358	14.55899	0.004044
IN3	14.50021	0.004028	5.245864	0.001457
IN4	6.965297	0.001935	3.615366	0.001004
IN8	17.2913	0.004803	11.90111	0.003306
IN9	3.199623	0.000889	2.0665	0.000574
IN10	4.21	0.001169	0.908	0.000252

4.4.2　解释变量的选择

根据船舶路径选择行为的特征,以及可获取的数据特点,仿真中采用以下 8 个变量作为影响离散选择模型中的解释变量:起点(O)、目的地(D)、航速(V)、船舶净吨(NT)、熟悉度(F)、路径长度(S)、节点数(N)和费用(C)。其中,航速、船舶净吨和熟悉度为船舶属性,节点数用于表示路径复杂程度。在这些解释变量中,起点和目的地用图 1-2 中每个入口对应的数字表示,如从 IN1 驶入、IN8 驶出的船舶起点和目的地分别为 1、8。对航道的熟悉程度可用船 n 经过航道 i 的次数表示。对是否熟悉的界定是一种模糊现象,因此通过问卷调查,并结合在路网中对熟悉度的研究,利用模糊理论建立隶属度函数,根据同一艘船经过相同航道的次数划为三个类别,即不熟悉(−1),熟悉(0),非常熟悉(1)。其隶属度函数为:

$$\text{不熟悉:} \quad A_{\text{un}} = \begin{cases} 1 & x \leqslant 1 \\ \mathrm{e}^{-\left(\frac{x-1}{2}\right)^2} & x > 1 \end{cases}$$

$$\text{熟悉:} \quad A_{\text{fam}} = 1 - A_{\text{un}} - A_{\text{very}} \tag{4-13}$$

$$\text{非常熟悉:} \quad A_{\text{very}} = \begin{cases} 1 & x > 7 \\ 1 - \mathrm{e}^{-\left(\frac{x-7}{2}\right)^2} & x \leqslant 7 \end{cases}$$

式中　x——船舶经过该航道的次数。

图 4-4 所示为对航道的熟悉程度与经过航道的次数的隶属关系。

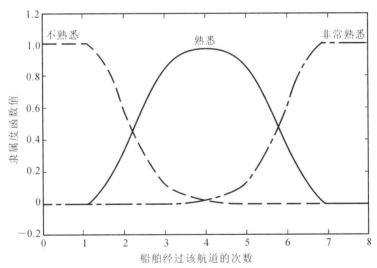

图 4-4　对航道的熟悉程度与经过航道的次数的隶属关系

4.4.3　因子分析

1)数据标准化

由于所选取的解释变量类别、单位不同,因此将原始数据标准化,以消除变量间在数量级和量纲上的差异。SPSS 软件根据式(4-14)对数据进行标准化处理,本节因子分析结果中出现的解释变量 O、D、NT、N、C、V、S、F 均是相应解释变量进行标准化处理后的数据。

$$Z(x) = \frac{x - \overline{x}}{s(x)} = \frac{x - \overline{x}}{\sqrt{\dfrac{(x - \overline{x})^2}{n}}} \tag{4-14}$$

式中　　x——需要进行标准化的数据；

　　　　$\overline{x}$——进行标准化的数据的均值；

　　　　$s(x)$——进行标准化的数据的标准差；

　　　　n——进行标准化的数据的个数。

2）相关系数矩阵

因子分析是从众多的原始变量中重构少数几个具有代表意义的因子变量的过程。因此，原有变量之间要具有比较强的相关性。因子分析需要先进行相关分析，计算原始变量之间的相关系数矩阵 $\boldsymbol{R}$，可根据式（4-15）进行计算。

$$\boldsymbol{R} = \begin{bmatrix} r_{11} & r_{12} & \cdots & r_{1p} \\ r_{21} & r_{22} & \cdots & r_{2p} \\ \vdots & \vdots & & \vdots \\ r_{p1} & r_{p2} & \cdots & r_{pp} \end{bmatrix}$$

$$r_{ij} = \frac{\displaystyle\sum_{k=1}^{n} (x_{ki} - \overline{x_i})(x_{kj} - \overline{x_j})}{\sqrt{\displaystyle\sum_{k=1}^{n} (x_{ki} - \overline{x_i})^2 \sum_{k=1}^{n} (x_{kj} - \overline{x_j})^2}} \tag{4-15}$$

表 4-3 所示为所选择的与船舶路径选择相关的各个变量之间的相关系数。从表中可以看出，各个变量之间彼此相关，NT 和 C，N 和 S 的相关系数均超过 0.9。这种情况下，这些相关性很高的变量放在同一个效用函数中会使相同的信息被重复表达，因此，需要通过因子分析，利用少数几个彼此相关性低的因子代表这些相关性高的变量，从而达到减少变量以及降低变量之间相关性的目的，进而提高离散选择模型的准确性。

表 4-3　相关系数矩阵

		O	D	NT	N	C	V	S	F
相关系数	O	1.000	−0.979	−0.033	−0.088	−0.035	0.003	−0.083	0.066
	D	−0.979	1.000	−0.003	−0.119	−0.006	0.001	−0.118	0.031
	NT	−0.033	−0.003	1.000	0.177	1.000	−0.001	0.202	−0.065
	N	−0.088	−0.119	0.177	1.000	0.199	−0.021	0.965	−0.466
	C	−0.035	−0.006	1.000	0.199	1.000	−0.002	0.224	−0.076
	V	0.003	0.001	−0.001	−0.021	−0.002	1.000	−0.026	0.012
	S	−0.083	−0.118	0.202	0.965	0.224	−0.026	1.000	−0.479
	F	0.066	0.031	−0.065	−0.466	−0.076	0.012	−0.479	1.000
Sig.（单侧）	O		0.000	0.008	0.000	0.005	0.409	0.000	0.000
	D	0.000		0.402	0.000	0.333	0.472	0.000	0.013
	NT	0.008	0.402		0.000	0.000	0.484	0.000	0.000
	N	0.000	0.000	0.000		0.000	0.066	0.000	0.000
	C	0.005	0.333	0.000	0.000		0.454	0.000	0.000
	V	0.409	0.472	0.484	0.066	0.454		0.029	0.188
	S	0.000	0.000	0.000	0.000	0.000	0.029		0.000
	F	0.000	0.013	0.000	0.000	0.000	0.188	0.000	

3）因子分析

利用 SPSS 软件对所选择的变量进行因子分析的结果如下，具体输出结果见附录 B。

（1）KMO 和 Bartlett 检验

KMO 和 Bartlett 检验均是用于检测数据是否可以进行因子分析。如表 4-4 所示，虽然 KMO 值为 0.454，但是 Bartlett 球形度检验的显著性水平为 0，说明选择的变量适合做因子分析。

表 4-4　KMO 和 Bartlett 的检验

取样足够度的 Kaiser-Meyer-Olkin 度量		0.454
Bartlett 的球形度检验	近似卡方	110505.804
	df	28
	Sig.	0.000

（2）解释的总方差

解释的总方差表示所抽取的因子能够解释的原变量方差的百分比。本次因子分析基于特征值提取 4 个因子，这 4 个因子所解释的方差达到原变量总方差的 91.418%（表 4-5），能够很好地表达原变量所携带的信息。

表 4-5　解释的总方差

成分	初始特征值			提取载荷平方和			旋转载荷平方和		
	合计	方差（%）	累计（%）	合计	方差（%）	累计（%）	合计	方差（%）	累计（%）
1	2.602	32.521	32.521	2.602	32.521	32.521	2.319	28.987	28.987
2	1.984	24.798	57.319	1.984	24.798	57.319	2.014	25.181	54.167
3	1.729	21.610	78.929	1.729	21.610	78.929	1.980	24.749	78.916
4	0.999	12.488	91.418	0.999	12.488	91.418	1.000	12.502	91.418
5	0.652	8.150	99.567						
6	0.034	0.431	99.998						
7	9.637E-5	0.001	99.999						
8	4.241E-5	0.001	100.000						

注：提取方法为"主成分分析法"；E 表示科学计数法，"9.637E-5"指 9.637×10^{-5}。

（3）公因子方差

由表 4-6 可以看出，除了变量 F（0.495），其他变量的提取度都超过了 0.9，即变量超过 90% 的信息可以被所提取的因子表达，因子提取结果较为理想。

表 4-6　公因子方差

	初始值	提取
O	1.000	0.998
D	1.000	1.000
NT	1.000	0.998
N	1.000	0.908
C	1.000	0.998
V	1.000	1.000
S	1.000	0.917
F	1.000	0.495

（4）因子成分矩阵

表 4-7 是因子成分矩阵，表 4-8 是按照前面设定的方差极大法对因子成分矩阵旋转后的结果。未经过旋转的成分矩阵中，变量 NT、N、C、F 等在多因子变量上均有较高的载荷。经过旋转之后，变量 N、S、F 稳定地归属到因子变量 Fac_1，NT、C 归属到因子变量 Fac_2，O、D 归属到因子变量 Fac_3，V 归属到因子变量 Fac_4。

表 4-7   因子成分矩阵

	成分			
	Fac_1	Fac_2	Fac_3	Fac_4
O	-0.089	-0.982	0.162	-0.003
D	-0.086	0.994	-0.071	0.000
NT	0.631	0.106	0.767	0.006
N	0.844	-0.074	-0.437	0.016
C	0.648	0.104	0.753	-0.006
V	-0.030	0.001	0.033	0.999
S	0.859	-0.073	-0.417	0.011
F	-0.564	0.020	0.419	-0.026

注：已提取 4 个。提取方法为"主成分分析法"。

表 4-8   旋转成分矩阵

	成分			
	Fac_1	Fac_2	Fac_3	Fac_4
O	-0.098	-0.020	0.994	0.002
D	-0.099	-0.004	-0.995	0.001
NT	0.078	0.996	-0.008	0.000
N	0.946	0.116	0.021	-0.011
C	0.100	0.994	-0.008	0.000
V	-0.013	0.000	0.001	1.000
S	0.947	0.141	0.023	-0.017
F	-0.702	0.023	0.031	-0.005

注：提取方法为"主成分分析法"。旋转方法为"Kaiser 标准化最大方差法"。

（5）因子成分得分系数矩阵

因子成分得分系数矩阵（表 4-9）是根据回归算法计算出来的因子成分得分函数的系数，根据这个表格可以得到因子成分得分函数。

表 4-9　因子成分得分系数矩阵

	成　　　分			
	Fac_1	Fac_2	Fac_3	Fac_4
O	-0.097545	-0.019837	0.993918	0.001552
D	-0.098504	-0.004244	-0.994983	0.000609
NT	0.078035	0.995816	-0.008067	0.000463
N	0.945505	0.116229	0.021078	-0.011349
C	0.099696	0.994189	-0.007708	-0.000358
V	-0.012987	0.000496	0.000830	0.999858
S	0.946798	0.141271	0.022631	-0.016602
F	-0.702215	0.022759	0.030720	-0.004607

4.4.4　参数估计

将因子分析所得到的 4 个因子作为变量构造效用函数,并利用调研所获取的研究区域的 2011 年全年船舶 GPS 数据对其进行参数估计。利用 SPSS 软件,采用向前的最大似然法对数据进行参数估计,结果如下(具体输出见附录 C):

(1)模型系数的综合检测

表 4-10 对每一步都做了步骤、块和模型的检验,Sig. 约等于 0,每个步骤都是有意义的。

表 4-10　模型系数的综合检验

		卡方	df	Sig.
步骤 1	步骤	3372.826	1	0.000
	块	3372.826	1	0.000
	模型	3372.826	1	0.000
步骤 2	步骤	63.293	1	0.000
	块	3436.118	2	0.000
	模型	3436.118	2	0.000
步骤 3	步骤	15.347	1	0.000
	块	3451.466	3	0.000
	模型	3451.466	3	0.000

（2）分类表

表 4-11 为每一步骤所建立的模型对路径的预测情况，最终准确率为 96.6%，模型准确率较高。

表 4-11　路径预测分类表

已观测			已预测		
			Route		百分比校正(%)
			0	1	
步骤 1	Route	0	4309	104	97.6
		1	80	793	90.8
	总计百分比(%)				96.5
步骤 2	Route	0	4325	88	98.0
		1	93	780	89.3
	总计百分比(%)				96.6
步骤 3	Route	0	4328	85	98.1
		1	93	780	89.3
	总计百分比(%)				96.6

（3）方程中的变量

表 4-12 为方程中变量检验情况列表，分别给出了步骤 1 和步骤 2 的拟合情况，可以看出，最后在方程中的变量为 Fac_1、Fac_2、Fac_3，并给出相应系数及常数项（B）（系数及常数项复制到 Excel 中可获得更为精确的值）。

表 4-12　方程中的变量

		B	S. E.	Wald	df	Sig.	Exp(B)	95% C. I. for Exp(B)	
								下限	上限
步骤 1	Fac_1	−2.60331	0.072	1313.138	1	0.000	0.064	0.064	0.085
	常量	−3.08083	0.097	1010.910	1	0.000			
步骤 2	Fac_1	−2.59691	0.073	1248.746	1	0.000	0.065	0.065	0.450
	Fac_2	−0.63220	0.084	56.165	1	0.000	0.450	0.086	0.627
	常量	−3.06181	0.097	999.401	1	0.000			
步骤 3	Fac_1	−2.65485	0.078	1150.561	1	0.000	0.060	0.060	0.082
	Fac_2	−0.64752	0.085	58.382	1	0.000	0.443	0.443	0.618
	Fac_3	0.32448	0.085	14.591	1	0.000	1.171	1.171	1.634
	常量	−3.11052	0.100	974.394	1	0.000			

（4）如果移去项则建模

表 4-13 是假设将某些变量移出方程，来验证方程的改变有无统计学意义，从最后一列（改变的显著性）可知，所有的改变都是有统计学意义的，原方程中的变量都应当保留在方程中。

表 4-13　如果移去项则建模

	变量	模型对数似然性	在 −2 对数似然性中的更改	df	更改的显著性
步骤 1	Fac_1	− 2538.462	3712.254	1	0.000
步骤 2	Fac_1	− 2434.601	3567.825	1	0.000
	Fac_2	− 683.593	65.809	1	0.000
步骤 3	Fac_1	− 2653.371	4020.713	1	0.000
	Fac_2	− 677.264	68.498	1	0.000
	Fac_3	− 650.846	15.663	1	0.000

注：基于条件参数进行估计。

（5）不在方程中的变量

表 4-14 说明：在每一步中，方程未包含的变量如果进入现有方程，方程的改变是否有统计学意义。由表 4-14 知，在步骤 1 时，还应该引入 Fac_2、Fac_3，而在步骤 3 时，其他变量是否引入都无统计学意义了。

表 4-14　不在方程中的变量

			得分	df	Sig.
步骤 1	变量	Fac_2	58.217	1	0.000
		Fac_3	12.702	1	0.000
		Fac_4	1.017	1	0.313
	总统计量		73.558	3	0.000
步骤 2	变量	Fac_3	15.027	1	0.000
		Fac_4	1.780	1	0.182
	总统计量		16.871	2	0.000
步骤 3	变量	Fac_4	1.873	1	0.171
	总统计量		1.873	1	0.171

4.4.5 仿真结果及分析

观测数据与仿真结果的对比如图 4-5 所示,由图可知,上文所建立的路径选择模型及仿真平台能够较好地反映所选定的水网船舶的交通流状况。

为研究交通组织模式不变而交通量增加时水网中的交通流特征,本书利用已建立的仿真程序进行了多次仿真实验,实验中,驶入水网的船舶数量由 2011 年驶入船舶数量的 100% 依次增加至 1000%,仿真实验结果如图 4-6 所示。由图中可以看出,当驶入船舶数量增加到 2011 年的 7~8 倍时,等待时间大幅增加,驶出航道的船舶数量增长趋于平缓,船舶总量急剧增加,可以推断此时水网航道有拥堵现象发生。如果以该点作为饱和点,则当该水域船舶流组成及交通组织模式与 2011 年的相同时,水网航道在交通量增长至 2011 年交通量的 7 倍时达到饱和,此时,单位时间驶出水网航道的船舶数量约为 450 艘次/h,水网可容纳的船舶总量为 1200 艘次/h。

图 4-6 也对交通量不断增加至 2011 年交通量的 1500% 情况下的船舶总量、驶出船舶数量及等待时间分别进行了预测,如不考虑航道拥堵问题,所研究水网可容纳船舶总量可达 1900 艘次/h,驶出的船舶数量最高可达 600 艘次/h。

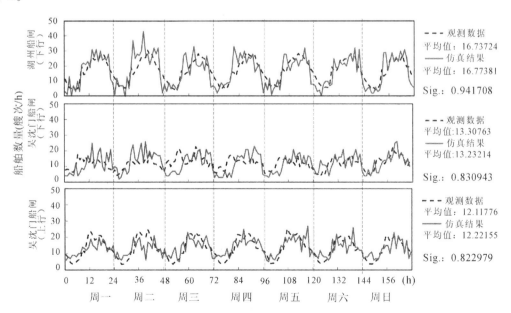

图 4-5 观测数据与仿真结果的对比

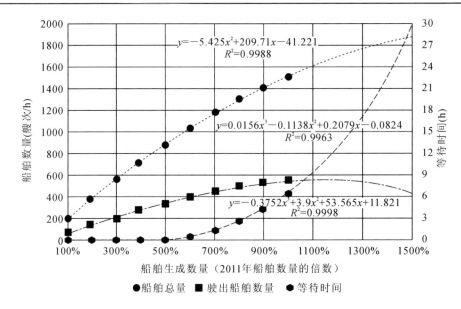

图 4-6　WNSim 仿真实验结果

5 水网航道服务水平分析

水网航道通过能力分析可估算出水网所能容纳的最大交通量,却不能反映水网航道的运行状况。交通设施在达到或接近其设计通行能力时一般运行不良,应避免将航道设计或规划在这种范围下运行。通过能力实质上是水网负荷性能的一种度量,只能反映在规定特性前提下水网所能承担船舶运行的极限值。因此需要引入"水网航道服务水平"的概念,对水网的运行状况进行评价。

目前,在水网航道领域,对于服务水平的研究较少,但公路与航道都属于交通设施,公路在承载交通工具运行的作用方面与航道有一定的相似性,在道路交通工程领域对公路通行能力与服务水平的研究历史较久,可借鉴和参考其研究方法和成果来探索水网航道通航饱和度问题。

5.1 水网航道通航饱和度评价模型

5.1.1 水网航道服务水平定义

参照公路服务水平的定义和标准,国内有学者将水网航道服务水平定义为"航道使用者从安全、舒适、效率、经济等多方面所感受到的服务质量量度,也是船舶驾驶员对航道交通状态和服务质量的一个客观评价",并认为水网航道服务水平反映的是某种交通条件下船舶在航道中的运行质量。作为为船舶行驶提供服务的基础设施,航道服务目标是保证在航道内行驶的船舶能够安全、快捷地到达目的地,因此水网航道服务水平是保证在航道内行驶的船舶能够安全、快捷地到达目的地的能力。也有学者认为,水网航道服务水平的定义与航道类别有关,如大型海港进港主航道,其服务对象不仅有航道的直接使用者(船舶),还包含间接利用者(港口)以及投资方,因此在定义水网航道服务水平时不仅要考虑航道使用者从安全、舒适、效率、经济等方面所感受到的服务质量,还应考虑航道的通过能力及通过能力满足通过要求的程度。

在定义水网航道服务水平时,也应考虑两方面的因素,即船舶和管理部门。船舶是航道的主要使用者,主要关注安全、舒适、快捷等方面,而管理部门则是希望通过管理手段,在通航环境不变的情况下,保证航行安全,并尽可能地提高主航道的通过能力。因此,水网航道服务水平应该是建立在安全性、舒适性、效率、饱和度等服务指标基础之上的用来描述交通流运行状态的质量指标。

为了科学地描述航道交通状态和评价服务质量,就需要有一个统一的评判标准和一系列相对应的指标。对船舶驾驶员而言,其自身并不能感受到交通量的大小,他所能直接感受到的和关注的现象就是船舶航速和延误。对管理部门而言,宏观把握水网负荷情况、及时进行调度调整则更为重要。

5.1.2　水网航道服务水平等级划分及评价指标

为了描述主航道交通负荷状况,研究如何采用交通组织等方式提高航道的通过能力,应对航道服务水平等级进行划分,并确定评价指标。国内有学者参考美国公路服务水平分级标准,以描述交通流从自由流、稳定流到饱和流和强制流的变化阶段,将航道服务水平划分为“一、二、三、四”这四个等级,服务水平逐渐递减,并将交通处于自由流状态时划为一级服务水平;交通处于稳定流较好状态时划为二级服务水平;交通处于稳定流较差状态或达到饱和流时划为三级服务水平;交通处于不稳定流状态,形成以强制流为特征的交通状态时划为四级服务水平。

针对水网航道交通流的特征,选取平均航速、延误率、饱和度、节点冲突率四个因素作为划分水网航道服务水平的评价指标。

（1）平均航速

平均航速是水网航道中所有船舶航速的平均值,是衡量水网航道交通效率的一个重要指标。水网航道中船舶数量越多,平均航速越小,服务水平越低。

利用第 4 章所建立的仿真模型对水网航道中的船舶进行仿真时,不同仿真参数下的航速分布如图 5-1 所示。当船舶较少(仿真参数为 1)时,较多船舶航速为 $8 \sim 9$ m/s。随着船舶数量的增多,航速变慢。当仿真参数为 2.5 时,较多船舶航速为 $4 \sim 5$ m/s。

（2）延误率

延误是指由于航道拥堵、避让等行为所造成的时间损失。延误率是指延误时间占实际航行时间的比值。

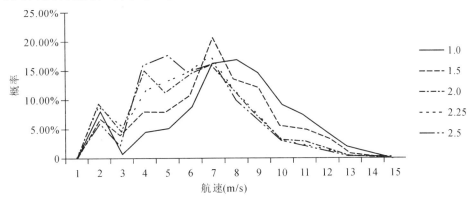

图 5-1　不同仿真参数下航速分布

$$T_{\mathrm{D}} = T_{\mathrm{A}} - T_{\mathrm{E}} = T_{\mathrm{A}} - \frac{S}{V_{\mathrm{E}}} \left.\vphantom{\frac{T_{\mathrm{D}}}{T_{\mathrm{A}}}}\right\}$$
$$\eta = \frac{T_{\mathrm{D}}}{T_{\mathrm{A}}}$$

(5-1)

式中　　T_{D}——延误时间,s;

　　　　T_{A}——实际航行时间,s;

　　　　T_{E}——预期航行时间,s;

　　　　S——路程,m;

　　　　V_{E}——预期航速,m/s;

　　　　η——延误率。

不同仿真参数下的延误率分布如图 5-2 所示。

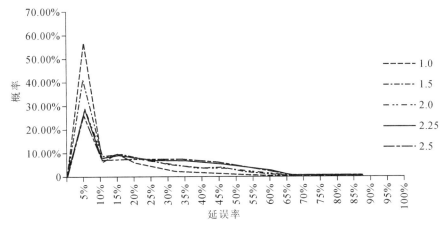

图 5-2　不同仿真参数下延误率分布

（3）饱和度

水网航道通航饱和度是水网航道实际交通流与水网航道通过能力的比值，反映水网航道的利用程度，即：

$$\delta = \frac{C_A}{C_D} \tag{5-2}$$

式中　　δ—— 水网航道通航饱和度；

　　　　C_A—— 水网航道实际交通流，艘次 /h；

　　　　C_D—— 水网航道通过能力，艘次 /h。

短时间内各入口输入船舶比例不会有太大不同，因此，取水网航道通过能力为 730 艘次 /h，则不同仿真参数下饱和度分布情况如图 5-3 所示。当仿真参数为 1.0 时，水网航道明显未达到饱和状态，超过 70% 的情况下饱和度低于 0.6。当船舶数量不断增加达到饱和状态（仿真参数为 2.0 及以上）时，超过 70% 的情况下饱和度大于 0.9，部分情况下甚至超过 1。

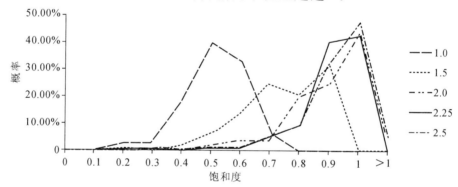

图 5-3　不同仿真参数下饱和度分布

（4）节点冲突率

当某船达到某一节点时该节点正好有其他船舶通过就会造成冲突，冲突次数与该节点通过的船舶数量的比值即为节点冲突率：

$$\omega = \frac{N_C}{N_S} \tag{5-3}$$

式中　　ω—— 节点冲突率；

　　　　N_C—— 冲突次数；

　　　　N_S—— 节点通过的船舶数量。

根据仿真所获取的结果分析不同仿真参数下的节点冲突率，结果如图 5-4 所示。

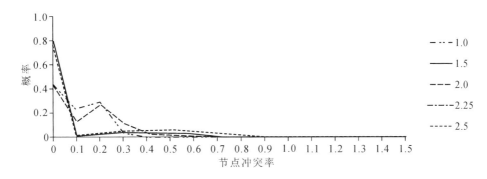

图 5-4　不同仿真参数下节点冲突率分布

根据以上分析及仿真结果,本书建立水网航道服务水平评价指标,如表 5-1 所示。

表 5-1　水网航道服务水平评价指标

等级	平均航速 v (m/s)	延误率 η	饱和度 δ	节点冲突率 ω	描　　　述
A	$v > 8$	$\eta \leqslant 5\%$	$\delta \leqslant 0.6$	$\omega \leqslant 0.1$	未饱和,交通量小,不受或基本不受交通流中其他船舶的影响
B	$6 < v \leqslant 8$	$5\% < \eta \leqslant 20\%$	$0.6 < \delta \leqslant 0.75$	$0.1 < \omega \leqslant 0.2$	船舶间的相互影响变大,航行受到其他船舶的影响
C	$4 < v \leqslant 6$	$20\% < \eta \leqslant 35\%$	$0.75 < \delta \leqslant 0.9$	$0.2 < \omega \leqslant 0.3$	航速和驾驶自由度受到严格约束,接近这一服务水平下限时,交通量有少量增加就会在运行方面出现问题
D	$2 < v \leqslant 4$	$35\% < \eta \leqslant 50\%$	$0.9 < \delta \leqslant 1.0$	$0.3 < \omega \leqslant 0.4$	饱和,接近或达到最大交通量,交通量有小幅度的增加,或交通流内部有小幅度的扰动就将产生大的运行问题,甚至发生交通中断
E	$v \leqslant 2$	$\eta > 50\%$	$\delta > 1.0$	$\omega > 0.4$	过饱和,需要排队,船舶走走停停,极不稳定

目前,浙北水网平均航速为 7.35 m/s,延误率为 5.6%,饱和度为 0.55,节点冲突率为 0.061。按照以上评价指标,该水网区域航道服务水平位于 A 级和 B 级之间,运行状况良好。

5.2 水网航道通过能力提升技术与策略

5.2.1 提高航道通过能力的交通组织模式和管理模式

1）水网航道实时监控

与路网相似,水网地区的船舶可以根据船舶的等级自由选择船舶航行路径,因此,相比单线航道交通不易发生拥堵。但实际上,水网地区的船舶拥挤现象较突出。

其一,由于船舶都有选择熟悉的固定路径的偏好,在交通流信息不对称的条件下,会优先选择熟悉线路。一方面,当航道发生拥堵时,特别是拥堵的初期,船舶无法获得实时的交通流信息,按照熟悉路线驶入拥堵区域,加剧了航道的拥堵情况;另一方面,也在一定程度上造成了节点资源的浪费。

其二,由于缺乏必要的实时监控设备,交通管理部门无法实时获取航道交通流的信息并提出有效的管理措施,错失了治理航道拥堵的最佳时机,不能有效地疏导交通,一定程度上造成了航道资源的浪费;实时信息的缺失将降低安全保障效率,无法建立有效的实时预警系统。

因此,建立水网航道实时监控是提高水网航道通过能力、航道效率和航道安全性的重要措施。

要实现水网航道实时监控,需要从以下几方面入手:

（1）信息采集传输

通过运用现代海事信息技术,在重要节点或拥堵的多发区,设置信息采集点,通过 CCTV(closed-circuit television, 闭路电视)、RFID(Radio Frequency Identification,射频识别技术)、GPS、雷达和 AIS 等手段的综合应用,采集船舶交通流信息。通过无线传感网络、通信网络等传输实时交通流信息。

（2）信息融合与数据挖掘

由于采用了多种传感设备采集交通流信息,因此,如何融合多源信息、剔除冗余数据和挖掘数据资源,成为组建水网航道实时监控系统的关键问题。

（3）信息发布

除了数据采集、传输和数据融合外,及时发布交通流信息和交通组织信息,使船舶能够接受实时的交通信息,为船舶提供更加完备的信息成为水网航道实时监控系统有效运转的关键。信息发布渠道的多元化有助于提高信息传递的效率,提高水网节点的利用率,从而提升水网航道通过能力。

2)节点交通组织模式

由于节点存在船舶汇入、汇出行为,交通状况较为复杂,节点成为水网航道通过能力发展的瓶颈。因此,以 T 形交叉口为例进行仿真实验,探索节点合理的交通组织方式,进而提升水网航道通过能力。

仿真实验 1:

设构成 T 形交叉口的其中一条航道为单向通航(图5-5),记该航道为次要航道,另一航道为主航道,则节点为次要航道中船舶进入主航道的汇入位置,分别对次要航道与主航道来船数量成不同比值的情况进行仿真实验,结果如图 5-6 所示。随着次要航道来船(ship2)数量的减少,节点处发生的汇入、汇出行为次数减少,对于时空资源的占用减少,各个方向来船的延误明显减少,节点通过能力也逐渐接近直线航道通过能力。

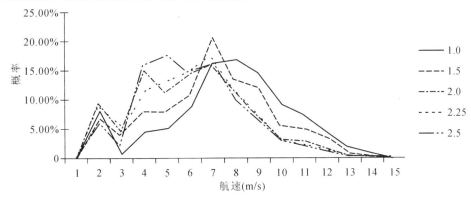

图 5-5　T 形交叉口(其中一条航道为单向通航)不同仿真参数下航速分布

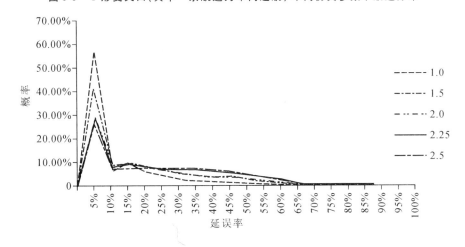

图 5-6　仿真实验 1 结果(不同仿真参数下延误率分布)

仿真实验 2：

设构成 T 形交叉口的两条航道均为双向通航（图 5-7），分别记为航道 A、航道 B，设各方向来船均存在汇入、汇出行为，分别对航道 B 与航道 A 来船数量成不同比值的情况进行仿真实验，结果如图 5-8 所示。虽然 B 航道来船（ship2）数量不断减少，由于两条航道均为双向通航，船舶汇入、汇出行为次数无明显变化，此时，有汇入、汇出行为的船舶主要是 A 航道来船（ship1，ship3），因此 ship1 和 ship3 的延误率略有上升，但总延误率呈下降趋势；节点通过能力在 B 航道、A 航道来船数量比为 0.61 处达到最大，之后略有下降。

通过以上的仿真实验可知，节点处的交通组织对通过能力有较大的影响，可以采取以下策略提升其通过能力：

（1）在航道有明显主次差别的交叉口，支线航道采用单向通航或合理控制支线来船数量，保障主要航道航行通畅。

（2）在航道无明显差别的交叉口，适时调整各方向来船数量，缩短船舶在交叉口的延误。

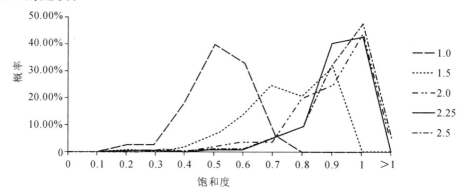

图 5-7　T 形交叉口（两条航道均为双向通航）不同仿真参数下饱和度分布

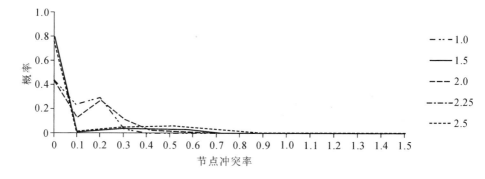

图 5-8　仿真实验 2 结果（不同仿真参数下节点冲突率分布）

5.2.2　提高航道通过能力的其他相关措施

1）改善航道通航条件

除了对交通组织进行优化之外，改善通航环境，尤其是改善航道的通航条件也是提高航道通过能力的重要方法。航道参数主要包括：航道宽度、航道水深、底质特征、流速和流向、风速和风向、波浪高度、导航设施等。而拓宽航道有效宽度和增加航道通航水深则是可行的提高航道通过能力的措施。涉及船舶通航安全和航道通过能力的有关因素如图5-9所示。

航道条件的改善主要包括以下内容：

（1）对航道进行疏浚整治、渠化，提高航道尺度，提高航道等级，为船舶的大型化创造条件。

（2）通过工程措施消除急滩、险滩和单行控制河段，改善通航水流条件，拓宽卡口段航道宽度，为船舶加速运行创造条件。

（3）对通航建筑物（如船闸等）进行改建、扩建，提高船闸等级，扩大船闸规模，为更多、更大的船舶通行创造便利条件。

2）交通条件的改善措施

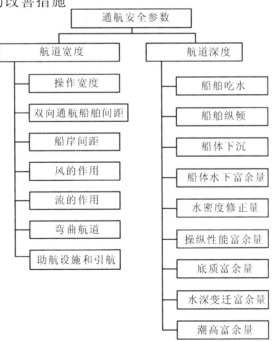

图 5-9　航道通航安全和航道通过能力涉及的因素

　　水网航道中的运行船舶构成不规范、一些非货运船舶及超等级船舶的缓速行驶都会对船舶的行驶产生干扰,从而影响到航道通过能力的充分发挥。面对这种情况,需要通过改善航道交通条件来提高航道通过能力,包括采取有效措施来改变船型复杂等局面,促使通航船舶逐步实现船型统一化、大型化。

　　(1)贯彻执行有关船型标准,新造船舶的吨级和尺度应与航区的航道等级相适应。

　　(2)鼓励运输企业在设计建造新船时采用变吃水,使其能与较高标准的航道维护工作相互结合,既能在洪水期按结构吃水,增加实际装载量,又能在枯水期适当减载航行,延长实际通航时间。

　　(3)在较高等级的航道内,通过船舶检验、营运发证等环节逐步淘汰老旧的小型船舶,使该航区内的小船比例逐年减少。

　　3)服务水平条件的改善措施

　　在现有的航道基础设施条件下,可以通过改善航道运输组织管理来改善航道的服务水平条件,从而提高航道通过能力,具体可采取以下几个方面的措施:

　　(1)加强航道养护管理,包括航道观测分析、航标维护管理、浅滩疏浚、整治建筑物检查维修和过船建筑物保养维修。

　　(2)通过适当的机构和组织形式,加强船公司、港口、航道、海事部门,以及货主单位间的协调,尽可能实现有序和均衡的货物运输,使水网航道中形成源源不断的船舶流。

　　(3)加强船舶调度管理,优化闸室安排,有效疏导航道中的船舶流,防止堵塞;加强安全管理,制止违章航行,防止船舶超载搁浅堵航。

　　(4)引进先进的通信手段,建立便于沟通的信息网,为实时管理和调度指挥提供便利条件。

附录 A 各类船舶不同船舶行为占用时空资源

表 A-1 各类船舶横越占用时空资源(m² · h/ 艘次)

航速(m/s)	船长(m) 25	35	45	55	总计
	比例 0.0417	0.3988	0.5337	0.0258	1.000
1.25	0.017 1.837	2.564	3.408	4.371	3.031
1.55	0.051 1.612	2.278	3.056	3.945	2.708
1.65	0.059 1.555	2.206	2.966	3.837	2.627
1.75	0.068 1.505	2.142	2.888	3.741	2.555
1.85	0.063 1.460	2.085	2.817	3.656	2.490
1.95	0.070 1.419	2.034	2.754	3.580	2.432
2.05	0.051 1.383	1.988	2.697	3.511	2.380
2.15	0.055 1.350	1.946	2.645	3.448	2.333
2.25	0.051 1.320	1.908	2.598	3.391	2.290
2.35	0.051 1.293	1.873	2.555	3.339	2.251
2.45	0.030 1.267	1.841	2.515	3.291	2.214
2.55	0.042 1.244	1.811	2.479	3.247	2.181
2.65	0.055 1.222	1.784	2.445	3.206	2.150
2.75	0.044 1.202	1.759	2.414	3.168	2.122
2.85	0.042 1.184	1.735	2.385	3.133	2.095
2.95	0.053 1.167	1.713	2.358	3.100	2.070
3.125	0.061 1.139	1.678	2.315	3.048	2.031
3.375	0.042 1.105	1.635	2.261	2.983	1.981
3.75	0.055 1.061	1.580	2.193	2.901	1.920
4.000	0.040 1.037	1.549	2.155	2.855	1.885
总计	1.000 1.314	1.900	2.589	3.380	2.282

表 A-2 各类船舶同侧汇入占用时空资源（m² · h/ 艘次）

航速（m/s）	船长（m）	25	35	45	55	总计
	比例	0.0417	0.3988	0.5337	0.0258	1.000
1.250	0.017	3.689	4.899	6.271	7.804	5.656
1.550	0.051	3.151	4.226	5.446	6.813	4.899
1.650	0.059	3.016	4.056	5.238	6.563	4.708
1.750	0.068	2.895	3.905	5.054	6.342	4.539
1.850	0.063	2.788	3.771	4.889	6.144	4.388
1.950	0.070	2.692	3.650	4.742	5.967	4.253
2.050	0.051	2.605	3.541	4.609	5.807	4.130
2.150	0.055	2.526	3.443	4.488	5.662	4.019
2.250	0.051	2.454	3.353	4.378	5.529	3.918
2.350	0.051	2.388	3.270	4.277	5.408	3.826
2.450	0.030	2.328	3.195	4.184	5.297	3.741
2.550	0.042	2.272	3.125	4.099	5.195	3.663
2.650	0.055	2.221	3.061	4.020	5.100	3.591
2.750	0.044	2.173	3.001	3.947	5.012	3.524
2.850	0.042	2.129	2.946	3.879	4.931	3.461
2.950	0.053	2.088	2.894	3.816	4.855	3.403
3.125	0.061	2.022	2.811	3.715	4.733	3.310
3.375	0.042	1.939	2.708	3.589	4.582	3.194
3.750	0.055	1.836	2.579	3.431	4.392	3.050
4.000	0.040	1.779	2.507	3.342	4.285	2.968
总计	1.000	2.440	3.335	4.357	5.504	3.899

表 A-3　各类船舶异侧汇入占用时空资源（$m^2 \cdot h/$ 艘次）

航速（m/s）	船长（m）	25	35	45	55	总计
	比例	0.0417	0.3988	0.5337	0.0258	1.000
1.250	0.017	4.473	5.780	7.250	8.881	6.590
1.550	0.051	3.863	5.049	6.380	7.858	5.782
1.650	0.059	3.709	4.864	6.161	7.600	5.578
1.750	0.068	3.573	4.700	5.966	7.371	5.398
1.850	0.063	3.452	4.554	5.793	7.167	5.237
1.950	0.070	3.343	4.423	5.637	6.984	5.092
2.050	0.051	3.244	4.305	5.497	6.819	4.962
2.150	0.055	3.155	4.198	5.369	6.669	4.843
2.250	0.051	3.074	4.100	5.253	6.533	4.735
2.350	0.051	2.999	4.011	5.147	6.408	4.637
2.450	0.030	2.931	3.929	5.049	6.293	4.546
2.550	0.042	2.868	3.853	4.959	6.187	4.463
2.650	0.055	2.810	3.783	4.876	6.090	4.385
2.750	0.044	2.756	3.718	4.799	5.999	4.314
2.850	0.042	2.705	3.658	4.728	5.915	4.247
2.950	0.053	2.659	3.602	4.661	5.836	4.185
3.125	0.061	2.584	3.512	4.554	5.711	4.086
3.375	0.042	2.491	3.400	4.421	5.554	3.963
3.750	0.055	2.374	3.260	4.255	5.359	3.808
4.000	0.040	2.308	3.181	4.161	5.249	3.721
总计	1.000	3.058	4.081	5.231	6.507	4.715

表 A-4　各类船舶穿越占用时空资源（m² · h/ 艘次）

航速（m/s）	船长（m）	25	35	45	55	总计
	比例	0.0417	0.3988	0.5337	0.0258	1.000
1.250	0.017	2.621	3.445	4.387	5.448	3.965
1.550	0.051	2.324	3.101	3.989	4.989	3.591
1.650	0.059	2.249	3.014	3.889	4.873	3.497
1.750	0.068	2.183	2.937	3.800	4.771	3.414
1.850	0.063	2.124	2.869	3.721	4.679	3.339
1.950	0.070	2.070	2.807	3.649	4.597	3.272
2.050	0.051	2.022	2.752	3.585	4.523	3.212
2.150	0.055	1.979	2.701	3.527	4.456	3.157
2.250	0.051	1.939	2.655	3.474	4.395	3.107
2.350	0.051	1.903	2.613	3.425	4.338	3.061
2.450	0.030	1.870	2.575	3.380	4.287	3.019
2.550	0.042	1.839	2.539	3.339	4.240	2.981
2.650	0.055	1.811	2.506	3.301	4.196	2.945
2.750	0.044	1.785	2.476	3.266	4.155	2.912
2.850	0.042	1.760	2.447	3.233	4.117	2.881
2.950	0.053	1.737	2.421	3.203	4.082	2.853
3.125	0.061	1.701	2.379	3.154	4.026	2.807
3.375	0.042	1.656	2.326	3.093	3.956	2.749
3.750	0.055	1.599	2.260	3.017	3.868	2.678
4.000	0.040	1.567	2.223	2.974	3.818	2.638
总计	1.000	1.932	2.646	3.463	4.383	3.097

附录 B　因子分析输出结果

表 B-1　相关系数矩阵

		O	D	NT	N	C	V	S	F
相关系数	O	1.000	−0.979	−0.033	−0.088	−0.035	−0.083	−0.083	0.066
	D	−0.979	1.000	−0.003	−0.119	−0.006	−0.118	−0.118	0.031
	NT	−0.033	−0.003	1.000	0.177	1.000	0.202	0.202	−0.65
	N	−0.088	−0.119	0.177	1.000	0.199	0.965	0.965	−0.466
	C	−0.035	−0.006	1.000	0.199	1.000	0.224	0.224	0.076
	V	0.003	0.001	−0.001	−0.021	−0.002	−0.026	−0.026	0.012
	S	−0.083	−0.118	0.202	0.965	0.224	1.000	1.000	−0.0479
	F	0.066	0.031	−0.065	−0.466	−0.076	−0.479	−0.479	1.000
Sig.（单侧）	O		0.000	0.008	0.000	0.005	0.000	0.000	0.000
	D	0.000		0.402	0.000	0.333	0.000	0.000	0.013
	NT	0.008	0.402		0.000	0.000	0.000	0.000	0.000
	N	0.000	0.000	0.000		0.000	0.000	0.000	0.000
	C	0.005	0.333	0.000	0.000		0.000	0.000	0.000
	V	0.409	0.472	0.484	0.066	0.454	0.029	0.029	0.188
	S	0.000	0.000	0.000	0.000	0.000			0.000
	F	0.000	0.013	0.000	0.000	0.000	0.000	0.000	

表 B-2　KMO 和 Bartlett 的检验结果

Kaiser-Meyer-Olkin Measure of Sampling Adequacy		0.454
Bartlett 的球形度检验	近似卡方	110505.804
	df	28
	Sig.	0.000

表 B-3 公因子方差

	初始值	提取
O	1.000	0.998
D	1.000	1.000
NT	1.000	0.998
N	1.000	0.908
C	1.000	0.998
V	1.000	1.000
S	1.000	0.917
F	1.000	0.495

注:提取方法为"主成分分析法"。

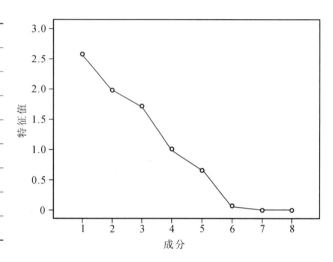

图 B-1 碎石图

表 B-4 解释的总方差

成分	初始特征值			提取载荷平方和			旋转载荷平方和		
	合计	方差(%)	累计(%)	合计	方差(%)	累计(%)	合计	方差(%)	累计(%)
1	2.602	32.521	32.521	2.602	32.521	32.521	2.319	28.987	28.987
2	1.984	24.798	57.319	1.984	24.798	57.319	2.014	25.181	54.167
3	1.729	21.610	78.929	1.729	21.610	78.929	1.980	24.749	78.916
4	0.999	12.488	91.418	0.999	12.488	91.418	1.000	12.502	91.418
5	0.652	8.150	99.567						
6	0.034	0.431	99.998						
7	9.637E-5	0.001	99.999						
8	4.241E-5	0.001	100.000						

注:提取方法为"主成分分析法";E 表示科学计数法,"9.637E-5"指 9.637×10^{-5}。

表 B-5　因子成分矩阵

| | 成　　分 | | | |
	Fac_1	Fac_2	Fac_3	Fac_4
O	−0.089	−0.982	0.162	−0.003
D	−0.086	0.994	−0.071	0.000
NT	0.631	0.106	0.767	0.006
N	0.844	−0.074	−0.437	0.016
C	0.648	0.104	0.753	−0.006
V	−0.030	0.001	0.033	0.999
S	0.859	−0.073	−0.417	0.011
F	−0.564	0.020	0.419	−0.026

注:已提取 4 个。提取方法为"主成分分析法"。

表 B-6　旋转成分矩阵

| | 成　　分 | | | |
	Fac_1	Fac_2	Fac_3	Fac_4
O	−0.098	−0.020	0.994	0.002
D	−0.099	−0.004	−0.995	0.001
NT	0.078	0.996	−0.008	0.000
N	0.946	0.116	0.021	−0.011
C	0.100	0.994	−0.008	0.000
V	−0.013	0.000	0.001	1.000
S	0.947	0.141	0.023	−0.017
F	−0.702	0.023	0.031	−0.005

注:提取方法为"主成分分析法"。旋转方法为"Kaiser 标准化最大方差法"。

表 B-7　成分转化矩阵

成分	Fac_1	Fac_2	Fac_3	Fac_4
Fac_1	0.822	0.569	0.003	−0.020
Fac_2	−0.068	0.104	−0.992	0.001
Fac_3	−0.565	0.815	0.124	0.025
Fac_4	0.030	−0.009	−0.002	0.999

注:提取方法为"主成分分析法"。旋转方法为"Kaiser 标准化最大方差法"。

附录 C   二元 Logit 模型参数估计输出结果

表 C-1   案例处理汇总

未加权的案例		N	百分比(%)
选定案例	包括在分析内	5286	100.0
	缺失案例	0	0.0
	总计	5286	100.0
未选定案例		0	0.0
总计		5286	100.0

注:如果权重有效,请参考分类表以获得案例总数。

表 C-2   因变量编码

初始值	内部值
0	0
1	1

块 0   起始块

表 C-3   分类表

已观测			已预测		
			Route		百分比校正(%)
			0	1	
步骤 0	Route	0	4413	0	100.0
		1	873	0	0.0
总计百分比(%)					83.5

注:模型中包括常量。切割值为 0.500。

表 C-4   方程中的变量

		B	S. E.	Wald	df	Sig.	Exp(B)
步骤 0	常量	−1.620	0.037	1913.603	1	0.000	0.198

表 C-5 不在方程中的变量

			得分	df	Sig.
步骤 0	变量	Fac_1	3812.036	1	0.000
		Fac_2	109.510	1	0.000
		Fac_3	0.293	1	0.589
		Fac_4	1.398	1	0.237
总统计量			3923.237	4	0.000

块 1 方法 = 向前选择(条件)

表 C-6 模型系数的综合检验

		卡方	df	Sig.
步骤 1	步骤	3372.826	1	0.000
	块	3372.826	1	0.000
	模型	3372.826	1	0.000
步骤 2	步骤	63.293	1	0.000
	块	3436.118	2	0.000
	模型	3436.118	2	0.000
步骤 3	步骤	15.347	1	0.000
	块	3451.466	3	0.000
	模型	3451.466	3	0.000

表 C-7 模型汇总

步骤	−2 对数似然值	Cox & Snell R Square	Nagelkerke R Square
1	1364.669	0.472	0.797
2	1301.376	0.478	0.808
3	1286.029	0.479	0.810

注:因为参数估计的更改范围小于 0.001,所以估计在迭代次数 7 处终止。

表 C-8 Hosmer 和 Lemeshow 的检验

步骤	卡方	df	Sig.
1	43.539	8	0.000
2	20.898	8	0.007
3	8.434	8	0.392

表 C-9　Hosmer 和 Lemeshow 的检验的随机性表

		Route = 0		Route = 1		总计
		观测值	期望值	观测值	期望值	
步骤 1	1	529	527.169	0	1.831	529
	2	529	525.086	0	3.914	529
	3	529	524.107	0	4.893	529
	4	516	520.872	13	8.128	529
	5	504	517.906	25	11.094	529
	6	512	516.095	17	12.905	529
	7	516	514.466	13	14.534	529
	8	520	510.919	9	18.081	529
	9	216	226.299	313	302.701	529
	10	42	30.082	483	494.918	525
步骤 2	1	528	527.032	1	1.968	529
	2	529	525.069	0	3.931	529
	3	529	523.606	0	5.394	529
	4	527	521.848	2	7.152	529
	5	519	519.358	10	9.642	529
	6	514	516.403	15	12.597	529
	7	517	514.078	12	14.922	529
	8	501	510.223	28	18.777	529
	9	222	232.245	307	296.755	529
	10	27	23.138	498	501.862	525
步骤 3	1	529	527.380	0	1.620	529
	2	528	525.782	1	3.218	529
	3	527	524.165	2	4.835	529
	4	524	522.269	5	6.731	529
	5	522	520.199	7	8.801	529
	6	517	517.817	12	11.183	529
	7	510	513.855	19	15.145	529
	8	511	508.732	19	21.268	530
	9	222	232.961	307	296.039	529
	10	23	19.840	501	504.160	524

表 C-10　路径预测分类表

已观测			已预测		
			Route		百分比校正(%)
			0	1	
步骤 1	Route	0	4309	104	97.6
		1	80	793	90.8
	总计百分比(%)				96.5
步骤 2	Route	0	4325	88	98.0
		1	93	780	89.3
	总计百分比(%)				96.6
步骤 3	Route	0	4328	85	98.1
		1	93	780	89.3
	总计百分比(%)				96.6

注:切割值为 0.500。

表 C-11　方程中的变量

		B	S. E.	Wald	df	Sig.	Exp(B)	95% C. I. for Exp(B)	
								下限	上限
步骤 1	Fac_1	−2.60331	0.072	1313.138	1	0.000	0.064	0.064	0.085
	常量	−3.08083	0.097	1010.910	1	0.000			
步骤 2	Fac_1	−2.59691	0.073	1248.746	1	0.000	0.065	0.065	0.450
	Fac_2	−0.63220	0.084	56.165	1	0.000	0.450	0.086	0.627
	常量	−3.06181	0.097	999.401	1	0.000			
步骤 3	Fac_1	−2.65485	0.078	1150.561	1	0.000	0.060	0.060	0.082
	Fac_2	−0.64752	0.085	58.382	1	0.000	0.443	0.443	0.618
	Fac_3	0.32448	0.085	14.591	1	0.000	1.171	1.171	1.634
	常量	−3.11052	0.100	974.394	1	0.000			

表 C-12　　如果移去项则建模

	变量	模型对数似然性	在 −2 对数似然性中的更改	df	更改的显著性
步骤 1	Fac_1	−2538.462	3712.254	1	0.000
步骤 2	Fac_1	−2434.601	3567.825	1	0.000
	Fac_2	−683.593	65.809	1	0.000
步骤 3	Fac_1	−2653.371	4020.713	1	0.000
	Fac_2	−677.264	68.498	1	0.000
	Fac_3	−650.846	15.663	1	0.000

注:基于条件参数进行估计。

表 C-13　　不在方程中的变量

			得分	df	Sig.
步骤 1	变量	Fac_2	58.217	1	0.000
		Fac_3	12.702	1	0.000
		Fac_4	1.017	1	0.313
	总统计量		73.558	3	0.000
步骤 2	变量	Fac_3	15.027	1	0.000
		Fac_4	1.780	1	0.182
	总统计量		16.871	2	0.000
步骤 3	变量	Fac_4	1.873	1	0.171
	总统计量		1.873	1	0.171

参 考 文 献

［1］ D.L.格劳.交通流理论［M］.蒋璜,等译.北京:人民交通出版社,1983.

［2］ 长江航道局.航道工程手册［M］.北京:人民交通出版社,2005:88-90.

［3］ 长江航道局.川江航道整治［M］.北京:人民交通出版社,1998:127-129.

［4］ 朱俊.基于船舶流的交通时间阻抗模型［J］.武汉理工大学学报:交通科学与工程版,2010,34(3):591-594.

［5］ 余劲.基于交通流理论的内河航道通过能力研究［D］.南京:河海大学,2007.

［6］ 文元桥,刘敬贤.港口公共航道船舶通过能力的计算模型研究［J］.中国航海,2010,33(2):35-39,55.

［7］ 朱俊,张玮.基于跟驰理论的内河航道通过能力计算模型［J］.交通运输工程学报,2009,9(5):83-87.

［8］ 何良德,姜晔,殷兆进.内河船舶跟驰间距模型［J］.交通运输工程学报,2012,12(1):55-62,86.

［9］ 赵景丽.基于排队论的沿海港口航道通过能力及服务水平研究［D］.青岛:中国海洋大学,2010.

［10］ JAGERMAN D,ALTIOK T. Vessel arrival process and queueing in marine ports handling bulk materials［J］. Queueing Systems,2003,45(3):223-243.

［11］ 邵长丰,方祥麟.船舶交通流的流体模型［J］.大连海事大学学报,2002,28(1):52-55.

［12］ 马勇.基于排队论的 T 形航路船舶交通通过能力研究［D］.大连:大连海事大学,2008.

［13］ 韩鹏,马海洋,马勇.T 形航路船舶交通通过能力分析［J］.世界海运,2010(9):60-62.

［14］ 杜状.Y 字型航道交通通过能力研究［D］.大连:大连海事大学,2008.

［15］ 陈琳瑛,牟军敏,唐伟明.水网船舶通过能力研究［C］.第三届海峡两岸海洋工程和航海技术研讨会,台湾,2011:305-310.

［16］ 段丽红,文元桥,戴建峰,等.水网航道通过能力的时空消耗计算模型［J］.船海工程,2012,41(5):134-137.

［17］ HOWE C. Inland waterway transportation studies in public and private management and Investment Decisions［M］. Baltimore:Johns Hopkins Press,1969.

［18］ CARROLL J,BRONZINI M. Waterway transportation simulation models:Development and application［J］. Waterway Resources Research,1973,9(1):51-63.

［19］ YEO G,ROE M,SOAK S. Evaluation of the marine traffic congestion of north harbor in Busan Port［J］. Journal of Waterway,Port,Coastal and Ocean Engineering,2007,2(133):87-93.

［20］ KIA M,SHAYAN E,GHOTB F. Investigation of port capacity under a new approach by computer simulation［J］. Computers & Industrial Engineering,2002,42(2-4):533-540.

［21］ WATANABE S,HASEGAWA K,RIGO P. Inland waterway traffic simulator［C］. Proceeding of COMPIT'2008,Liege,2008:578-588.

［22］ HASEGAWA K,TASHIRO G,KIRITANI S,et al. Intelligent marine traffic simulator for congested waterways ［C］. Proceeding of 7th IEEE International Conference on Methods and Models in Automation and Robotics,Miedzyzdroje,Poland,2001:631-636.

［23］ CHEN L,MOU J,DAI J,et al. Simulating traffic in waterway network based on gap acceptance theory[C]. Proceedings of International Conference on Marine Simulation and Ship Maneuverability, Singapore, 2012.

[24] 吴丹. 基于系统仿真的港口航道通过能力研究[D]. 大连:大连海事大学,2007.

[25] 林莉君. 基于仿真的苏申内港线航道通过能力分析[D]. 上海:上海交通大学,2011.

[26] DAI M, SCHONFELD P. Metamodels for estimating waterway delays through series of queues[J]. Transportation Research Part B, 1998, 132(1):1-19.

[27] TING C, SCHONFELD P. Integrated control for series of waterway locks[J]. Journal of Waterway Port Coastal and Ocean Engineering-ASCE, 1998, 124(4):199-206.

[28] WANG S, SCHONFELD P. Scheduling interdependent waterway projects through simulation and genetic optimization[J]. Journal of Waterway Port Coastal and Ocean Engineering-ASCE, 2005, 131(3):89-97.

[29] WANG S, SCHONFELD P. Simulation-based scheduling of mutually exclusive projects with precedence and regional budget constraints[J]. Transportation Research Record, 2012 (2273):1-9.

[30] 陈春妹,任福田,荣建. 路网容量研究综述[J]. 公路交通科技,2002,19(3):97-101.

[31] FORD L, FULKERSON D. Maximal flow through a Network[J]. Canadian Journal of Mathematics, 1956(8):36-52.

[32] 路易斯·马尚. 一个广义概念 —— 城市的时间和空间消耗[R]. 城市交通研究参考资料(第一集),天津市交通综合研究组,1986.

[33] ASAKURA Y, KASHIWADNI M. Estimation modal of maximum road network capacity with parking constraints and its application [J]. Infrastructure Planning Review, 1993:129-136.

[34] AKAMATSU T, MIYAWAKI O. Maximum network capacity problem under the transportation equilibrium assignment[J]. Infrastructure Planning Review, 1995, 12(9):719-729.

[35] PEETA S, YU J. A hybrid model for driver route choice incorporating en-route attributes and real-time information effects[J]. Networks & Spatial Economics, 2005, 5(1):21-40.

[36] TRAIN K. Qualitative choice analysis [M]. Massachusetts: The MIT Press, 1986.

[37] MARSCHAK J. Binary choice constraints on random utility indications[C]. Proceedings of Stanford Symposium on Mathematical Methods in the Social Science. California: Stanford University Press, 1960:312-329.

[38] TRAIN K. Discrete choice methods with simulation [M]. 2nd ed. Cambridge: Cambridge University Press, 2009.

[39] PAZ A, PEETA S. Information-based network control strategies consistent with estimated driver behavior[J]. Transportation Research Part B: Methodological, 2009, 43(1):73-96.

[40] YU J, PEETA S. Experimental analysis of a hybrid route choice model to capture dynamic behavioral phenomena under advanced information systems[J]. Journal of Civil Engineering, 2011, 15(1):175-185.

[41] QU X, MENG Q. The economic importance of the Straits of Malacca and Singapore: An extreme-scenario analysis[J]. Transportation Research Part E: Logistics and Transportation Review, 2012, 48(1):258-265.

[42] 赵雪荣,张家华. 基于 Logit 模型的航道货运量分配预测研究[J]. 科技传播,2010(14):177-178.

［43］ 何新华,胡文发,霍佳震,等.选择船舶营运组织方式的Logit模型及应用研究[J].同济大学学报：自然科学版,2008,36(6):760-763.

［44］ WILLIAM O,WATERS K,BLUME A,et al.Channel design and vessel maneuverability:Next steps[C].Proceedings of International Workshop on Channel Design and Vessel Maneuverability, 2001:1-17.

［45］ International Navigation Association (PIANC).Approach channels:A guide for design ［R］. Report of the Joint PIANC-IAPH Working Group Ⅱ-30,1997.

［46］ BLUME A,HIGH J.Toward a better understanding of waterway capacity[C].PIANC 2002, Proceedings of 30th International Navigation Congress:161-170.

［47］ MIN C.The studying of through-put capacity for navigational channels[J].Bulletin - International Navigation Association,2001,105:61-69.

［48］ 齐传新.内河船舶运输安全学[M].大连:大连海运学院出版社,1991.

［49］ 李明哲.图论及其算法[M].北京:机械工业出版社,2010.

［50］ BUCKLEY F,LEWINTER M.图论简明教程[M].李慧霸,王凤芹,译.北京:清华大学出版社,2005.

［51］ 徐周华,牟军敏,季永清.内河水域船舶领域三维模型的研究[J].武汉理工大学学报:交通科学与工程版,2004,28(3):380-383.

［52］ 蔡学龙,刘克中,杨星,等.内河航道交汇水域交通流仿真[J].大连海事大学学报,2012, 38(2):19-21.

［53］ MONTEWKA J,KUJALA P,et al.Probability mode-ling of vessel collisions[J].Reliability Engineering and System Safety,2010,95(5):573-589.

［54］ PIETRZYKOWSKI Z,URIASZ J.The ship domain:A criterion of navigational safety assessment in an open sea area[J].Journal of Navigation,2009,62(1):93-108.

［55］ 刘绍满.内河船舶拥挤水域通过能力研究[D].大连:大连海事大学,2006.